IMA AND COLI ARE THE TREE THAT WAS NEVER A SEED

IMA Y COLI SON EL ÁRBOL QUE NUNCA FUE SEMILLA

Winner of the National Poetry Series' Paz Prize for
Poetry presented by the National Poetry Series and
Miami Book Fair at Miami Dade College

BY **ALEJANDRO PÉREZ-CORTÉS**

INTRODUCTION BY JOSÉ KOZER
TRANSLATED FROM SPANISH BY SEAN MANNING

AKASHIC BOOKS

BROOKLYN, NEW YORK, USA

The Paz Prize for Poetry is presented by the National Poetry Series and Miami Book Fair at Miami Dade College and is awarded biennially. Named in the spirit of the late Nobel Prize–winning poet Octavio Paz, it honors a previously unpublished book of poetry written originally in Spanish by an American resident.

The National Poetry Series was established in 1978 to ensure the publication of five collections of poetry annually through five participating publishers. The Series is funded annually by Amazon Literary Partnership, William Geoffrey Beattie, the Gettinger Family Foundation, Bruce Gibney, HarperCollins Publishers, The Stephen and Tabitha King Foundation, Padma Lakshmi, Lannan Foundation, Newman's Own Foundation, Anna and Olafur Olafsson, Penguin Random House, the Poetry Foundation, Amy Tan and Louis DeMattei, Amor Towles, Elise and Steven Trulaske, and the National Poetry Series Board of Directors.

———

Published by Akashic Books
©2021 Alejandro Pérez-Cortés
English translation ©2021 Sean Manning

ISBN: 978-1-61775-981-9
Library of Congress Control Number: 2021935261

Akashic Books
Brooklyn, New York, USA
Instagram: @AkashicBooks
Twitter: @AkashicBooks
Facebook: AkashicBooks
E-mail: info@akashicbooks.com
Website: www.akashicbooks.com

ÍNDICE

TABLE OF CONTENTS

ALEJANDRO PÉREZ-CORTÉS O LOS DESLIZAMIENTOS

por José Kozer

Un octogenario acepta servir de jurado único para un premio de poesía en honor a un poeta mexicano de reconocimiento internacional.

Se reciben 243 manuscritos, cuarenta y cuatro son rechazados por incumplir las normas del concurso, el octogenario tiene que leer 199 manuscritos: el proceso toma más de una semana de concentración y equilibrio, claridad mental. El resultado es que de primera y pata rechaza todos los manuscritos recibidos salvo once que rescata por su interés poético y particular registro estilístico. A éstos debe ahora dedicar su concentración.

El octogenario ha sido jurado de diversos concursos literarios en América Latina y Estados Unidos, pero nunca se ha visto en la tesitura de juzgar en solitario, lo cual en su mente crea un grado de responsabilidad no compartida que exige ciertas reflexiones: reflexiones que hace en su interioridad y que pueden resumirse como sostener una integridad de oficio y ojo clínico, de objetividad mayor a la acostumbrada.

Repara que la desilusión de la mayor parte de los concursantes tiene que ser fuerte, pero reconoce a su vez que la desilusión que el octogenario siente tras una vida de escritura poética sostenida año a año y contra viento y marea es por igual fuerte.

De entrada el octogenario se tiene que plantear el peliagudo dilema de la objetividad. Entiende que es relativa, que la objetividad absoluta no existe, y que de existir pertenecería a Dios con exclusividad. Todo juicio, toda evaluación por ende pertenece siempre a un espacio de incertidumbre y un margen de error que lleva al octogenario a desear no haber aceptado la responsabilidad de dirimir un ganador único del susodicho concurso.

Lo lleva por igual a recordar las palabras de Demócrito de Ab-

ALEJANDRO PÉREZ-CORTÉS OR SLIPPING CONTOURS

by José Kozer

An octogenarian agrees to serve as the lone judge for a poetry prize named for a Mexican poet of international renown.

Two hundred and forty-three manuscripts arrive, forty-four are rejected for failing to meet the contest's criteria. The octogenarian must read 199 manuscripts: the process takes more than a week of concentration and balance, mental clarity. Right off the bat he rejects every manuscript save eleven that he rescues because of their poetic interest and particular stylistic register. Now he must dedicate all his concentration to these.

The octogenarian has been a judge for many various literary prizes in Latin America and the United States, but has never found himself in the position of judging solitarily, which in his mind creates a level of undivided responsibility that demands certain reflections: reflections occurring deep within himself and that, in short, involve maintaining his professional integrity and clinical eye, with even greater objectivity than usual.

He considers the bitter disappointment that most of the contestants will certainly feel, but at the same time, he recognizes that the disappointment felt by the octogenarian after a life of poetic writing sustained year after year and against the wind and tides is equally as bitter.

From the outset the octogenarian must acknowledge the sticky dilemma of objectivity. He understands that it is relative, that absolute objectivity does not exist, and if it did exist, it would belong exclusively to God. All judgments, all assessments will therefore always inhabit a space of uncertainty and a margin of error that makes the octogenarian wish he had never accepted the responsibility of designating a single winner for this prize.

dera, el sofista presocrático que acuñó con Leucipo la idea del atomismo: "todo es átomo y vacío; lo demás son opiniones." El átomo es lo sólido, el vacío lo desconocido; justo lo que sucede en poesía, donde cada verso, cada poema, cada obra contiene su dosis de solidez, si se trata de un poeta verdadero o al menos válido, y una dosis mayor de desconocimiento. El octogenario pasa luego a recordar unas palabras del desafortunado y muy vapuleado Oscar Wilde cuando dice "definir es limitar." Se sobreentiende que en toda definición hay un fuerte espacio de indefinición, de desconocimiento que obliga a que la definición (bueno o malo, hermoso o feo) sea una vez más una opinión limitada y, he ahí la duda, injusta. Y por último, ya que de opinar se trata, el octogenario recuerda una cita de Richard Wilhelm en su biografía de Confucio donde se hace saber al lector que los discípulos del maestro aducían que Confucio "no tenía opiniones, no tenía prejuicios, no tenía obstinación, no tenía egoísmo."

Y ahora, armado de esta noción de objetividad en cuanto dificultad, e incluso de objetividad irrealizable, el octogenario comienza a leer en segundas los once manuscritos que en su opinión merecerían el Premio. En esta segunda lectura llega a reducir a tres los manuscritos en cuestión, y ahora los define como los finalistas. De los tres finalistas, tras ardua reflexión y sentido abierto de responsabilidad, llega a la conclusión de que el premio lo merece el manuscrito número 151, el más largo entre los recibidos (113 páginas) que lleva como título *Ima y Coli son el árbol que nunca fue semilla*, título de por sí dialéctico, y que tiene una rareza, una extrañeza que lleva a pensar, de entrada, que estamos ante un poeta.

Adjudica el premio; mientras lo lee, toma apuntes que apoyan la decisión. Decisión que podría resumir utilizando las palabras de uno de los poemas del manuscrito: "yo borro los límites y extiendo las fronteras, porque las fronteras nos cruzaron a nosotros" (86). Estamos en plena modernidad, estamos ante un poeta (por supuesto que aún el octogenario no sabe de quién se trata) que hace desaparecer las fronteras, extiende la realidad espacial volviéndola más espaciosa que

It also reminds him of the words of Democritus of Abdera, the pre-Socratic sophist who with Leucippus posited the idea of atomism: "All there is in the universe is atoms and void; everything else is mere opinion." The atom is the solid, the void is the unknown; exactly like what occurs in poetry, where every verse, every poem, every work contains its measure of solidity, when from the hand of a true poet, or at least an acceptable one, and an even greater measure of unknowingness. The octogenarian then recalls the words of the unfortunate and oft-battered Oscar Wilde when he said "to define is to limit." It is understood that inside every definition there lies a resilient and still undefined space, unknowingness that forces the definition (good or bad, beautiful or hideous) to be nothing but an opinion, limited and, herein lies my doubt, unjust. And lastly, since we are talking about opinions, the octogenarian recalls a line from Richard Wilhelm's biography of Confucius in which he informs the reader of the master's disciples' claims that Confucius "had no opinions, he had no prejudices, he had no obstinacy, he had no egoism."

And now, armed with this notion of objectivity as toil, and perhaps unachievable, the octogenarian begins his second readings of the eleven manuscripts that in his opinion are deserving of the prize. During this second reading he manages to reduce the manuscripts in question to just three, defining them now as finalists. Of the three finalists, following arduous reflection and an imprecise sense of responsibility, he reaches the conclusion that the most deserving manuscript is number 151, the longest of them all (113 pages) and the one titled *Ima and Coli Are the Tree That Was Never a Seed*, a title that is itself a dialectic, and which possesses a certain peculiarity, a strangeness that leads us to think, from the very beginning, that we are reading the work of a poet.

He awards the prize; while reading, he takes notes to support his decision. A decision that could be summarized by words from one of the manuscript's poems: "I erase the boundaries and extend the borders, because the borders crossed us" (87). This is pure modernity, this is a poet (whose identity the octogenarian of course still does not

nunca en sentido histórico, sentido que la poesía, entre otras cosas, debe recoger, acoger: la prolonga, la hace proliferante. Así encapsula su propia época, esa actualidad donde muchas barreras caen, muchas quedan por caer. El verso citado alude a los actuales exilios, las migraciones, el fluctuar de sitios a los que los seres humanos de repente, y dadas ciertas circunstancias, se ven abocados a recurrir: el verso reconoce intuitivamente que nada ya es estable y que donde nacemos no ha de ser necesariamente el lugar al que volveremos, o donde nos quedaremos hasta morir. El poeta reconoce que en su escritura, si se quiere una escritura válida y de resonancias, hay que borrar esos límites, no sólo porque históricamente se están borrando todo el tiempo sino porque, y he aquí la madre del cordero o el quid del asunto, porque esas fronteras ya nos cruzaron. Al poeta sólo le queda la función de registrar lo mejor posible esa situación histórica y apuntalarla en cuanto escritura, en este caso una escritura generadora de pensamiento, relativa extrañeza, presentación del hecho aludido como quizás ajeno, o no, a la propia existencia del autor, a quien corresponde fijarlo en cuanto escritura (texto que es palimpsesto) y retirarse. Se intuye con claridad que la realidad se impone y al poeta sólo le queda reconocerla y devolverla a la página en blanco (la tan cacareada página en blanco) como texto abierto, texto poético, o sea, siempre incompleto: allanamiento que luego se modifica y se puede seguir modificando *ad usum et abusum*.

El manuscrito tiene ocho partes, con sus correspondientes subpartes, las mismas van avanzando con paso firme según un orden lógico y más bien ortodoxo, partiendo desde la búsqueda del origen y moviéndose hacia la vastedad, la totalidad que incluye lo actual, lo presente, sin soslayar tradiciones, mitos, arquetipos, fenómenos irradiantes de poesía y del oficio de la escritura poética: formas y disolución de las formas.

La primera parte, la preferida del octogenario, contiene verso a verso, instancia a instancia dosis vivas de poesía, matices poéticos, giros y registros arriesgados que obligan al lector a deslizarse del resplandor a la oscuridad, de lo visible y transparente a lo nigérrimo de toda oscurana.

know) who makes borders disappear, who extends spatial reality rendering it more spacious than ever in a historical sense, a sense that poetry should, among other things, involve, embrace: this poet broadens it, makes it more prolific. This is how one captures one's own time, the here and now where many barriers fall, and many are yet to be felled. The cited verse alludes to present-day exiles, migrations, the fluctuating locations to which human beings suddenly, and under specific circumstances, find themselves forced to turn: the verse intuitively recognizes that nothing is stable and that where we are born is not necessarily the place to which we will return, or in which we will remain until our deaths. The poet recognizes that their writing, if seeking a writing that will compel and resonate, must erase those limits, not only because historically they are constantly being erased, but also, and here we reach the root or the heart of the matter, because those borders already crossed us. The poet is left with no other function but to record the historical situation as adeptly as possible and fortify it as writing, in this case thought-provoking writing, possessing a certain strangeness, a presentation of events as perhaps outside the author's own existence (or perhaps not), whose duty it is to register it as writing (a text that is a palimpsest) and then move away. One clearly senses that reality is imposing itself and the poet can only acknowledge it and deliver it to the blank page (the highly vaunted blank page) as an open text, a poetic text, that is, always incomplete: a sudden incursion that is later modified and can continue to be modified *ad usum et abusum.*

The manuscript consists of eight parts, and their corresponding subparts, which steadily advance obeying a logical and largely orthodox order, beginning at the search for the origin and pressing forward toward vastness, the totality that contains the now, the present, without sidestepping traditions, myths, archetypes, irradiant phenomena of poetry and the profession of poetic writing: forms and the dissolution of forms.

The first part, the one preferred by the octogenarian, contains verse after verse, instance after instance of intense doses of poetry, po-

Y acto seguido, en las ocho partes que conforman este manuscrito de intención totalizadora, sea consciente o intuitiva, o ambas cosas, ver cómo aparece el mundo en cuanto cuerpo, realidad polar que contrasta, se opone o se incorpora a la búsqueda de un absoluto, por supuesto que inencontrable (va y no existe). Y en ese mundo el poeta, cuyo nombre más tarde, y antes de la escritura de este prólogo al libro futuro se revela (su nombre es Alejandro Pérez-Cortés, se ve joven, risueño, estudiante, origen usamericano y mexicano, bilingüe, en alto grado bilingüe, y que escribe tanto en inglés como en español, y con parecida soltura poética), confronta como poeta, es decir evitando el sentimentalismo operático de las telenovelas o de los culebrones, y desde una auténtica capacidad de riesgo, ese mundo actual, y así, se mueve con agilidad y airosamente entre los elementos que conforman vitalmente ese mundo: las migraciones, los exilios, la extrañeza digamos espiritual o al menos poética ante las cosas vivas que nos rodean, y todo desde un fundamento que para el octogenario es principal: el empleo de un lenguaje normativo y ortodoxo como contraste con un lenguaje intuitivo y modificador de la expresión, como voltereta continua, ora juguetona, ora jocoseria, de cuanto se vuelve necesario a la hora de configurar propias emociones, búsquedas espirituales en medio del maremágnum actual de referencias, proliferaciones, prolongaciones, y así alcanzar un módico y donde posible un máximo de revelación profunda de esa compleja actualidad en que día a día y en sentido global todos nos movemos. O somos en muchas ocasiones manipulados (al poeta corresponde denunciar esa manipulación, y advertir no en panfleto de blanca y negra torpeza sino en viva llama de amor lo que viene sucediendo y que toda buena escritura actual debe revelar).

Surge, como en el caso de este manuscrito, un nuevo lenguaje, con neologismos creados por el propio Alejandro Pérez-Cortés, culto y juguetón, arriesgado y cuidadoso. Neologismos como "espertancia" que es simbiosis de "esperanza" con "distancia" (es decir, la condición del propio poeta, que sólo puede asirse a la esperanza de un mundo y una vida mejores desde la distancia que exige toda creación y desde la

etic nuances, twists and intrepid voices that force the reader to slip from radiance into darkness, from the visible and transparent into the pitch black of the murk. And immediately thereafter, throughout the eight parts making up this manuscript and its synoptic intentions, be it consciously or instinctively, or both, we see how the world materializes as a body, a polar reality that contrasts, opposes, or incorporates itself into the search for an absolute, which is, of course, unobtainable (and may not exist). And in that world the poet, whose name would later be revealed to the octogenarian, prior to writing this prologue (his name is Alejandro Pérez-Cortés, seemingly young, cheerful, a student of US and Mexican origin, bilingual, highly bilingual, and who writes in both English and Spanish with apparent poetic proficiency), confronts the current world as a poet, that is, avoiding the melodramatic sentimentalism of telenovelas and soap operas and with an authentic disposition for risk-taking. In this way he adeptly and gracefully moves between the elements that shape the life force of that world: migrations, exiles, a sense of strangeness, perhaps spiritual or at least poetic, toward the living things that surround us, all from a foundation that in the eyes of the octogenarian is key: the use of a language that is instinctual and expression-modifying (as opposed to normative and orthodox), a relentless pirouette, sometimes playful, sometimes seriocomic, as needed when fashioning profound emotions, spiritual expeditions amid a current chaos of references, proliferations, prolongations, so as to achieve a modest, and when possible exceptional, degree of meaningful revelation within that complex present whose day-to-day directs us, all of us, globally. Or we are frequently manipulated (it is the poet's duty to denounce that manipulation and sound the alarm, not in the clumsy black and white of political propaganda but in the fervent flames of love, on what is taking place, which all good current writing must reveal).

A new language emerges in this manuscript, including neologisms created by Alejandro Pérez-Cortés himself, intelligent and playful, bold and deliberate. Neologisms like "hopenstance," a symbiosis be-

distancia que implica la soledad del poeta y la soledad de quien vive a la vez dos y más culturas en carne propia, en llaga propia). O el neologismo "quemranza" que proviene de la conjunción de "quemarse" y "esperanza." Una vez más esa llama de amor viva, fuego poético íntimo transferido a un lenguaje que es heterodoxo, diverso, acogedor de culturas y hasta se diría de todos los diccionarios.

Entretejido en la urdimbre y trama, reverso del manuscrito premiado, hay puntos y contrapunteos donde surge, por ejemplo, el elemento autobiográfico, que se plantea no con sentido de víctima ni de ente trágico sino más bien como hecho a explorar, actividad y aparición dosificada con buen gusto y como que muy de paso, y que Alejandro Pérez-Cortés explora con incisivo buril y poética objetividad. Utiliza la ortodoxia para beneficio de la visión heterodoxa, amplia, abierta, visión que rechaza la retórica facilona, y que, por ejemplo, convierte frases hechas en frases rehechas que difuminan, diluyen lo estable para que operen al servicio de la inestabilidad del mundo del poeta. Así, página 210 del manuscrito: "Basta de retórica, me digo." O como programa abierto de búsqueda, oímos su voz más íntima al hablarnos en página 158 de "una belleza que solo encontraba al borrarte." Nada más actual que esa belleza que tiende a desaparecer de la vida cotidiana, donde lo que está a la orden del día ha de ser feo, sórdido, devastador, fácil de expresar en principio por ser dialéctica rápida, barata, que sirve para encubrir falta de talento o el pretexto de que el mundo actual es feo y sórdido y por ende el creador debe narrar o cantar sordidez y malogros, la imperante fealdad. Alejandro Pérez-Cortés, consciente o inconscientemente, nos desafía a encontrar entre tanto escombro y cascajo la belleza de lo feo, la esperanza en los borrones, las tachaduras, las falsas manipulaciones del lenguaje que están al servicio de esos manipuladores incapaces de crear nada, de construir, que viven para destruir o para rizar el rizo de todo lo ya debilitado por el propio lenguaje ortodoxo.

Estamos en Colima y en Seattle (estado de Washington), norte y sur, mar y desierto, lenguaje vivo y propio de una tierra (Colima,

tween "hope" and "distance," in other words, the poet's own condition, who can only cling to his hope for a better world and life from that distance that all creation requires and from that distance that involves the solitude of the poet and the solitude of someone who inhabits two or more cultures simultaneously with their own eyes, with their own wounds. Or the neologism "hopeburn," arising from the conjunction of "hope" and the verb "to burn." Once again that fervent flame of love, the intimate poetic fire kindled inside a language that is heterodox, diverse, accepting of all cultures, and one might even say of all dictionaries.

Interwoven inside the warp and weft, the reverse of this prizewinning manuscript, are points and counterpoints from which emerge, for example, autobiographical elements considered not from the point of view of a victim or tragic being, but rather as a fact, an activity and appearance carefully measured with discretion and largely en passant that Alejandro Pérez-Cortés explores with poetic objectivity and a razor-sharp chisel. He employs orthodoxy in the interest of a heterodox vision, broad and open, a vision that rejects trite rhetoric and, for example, transforms fixed expressions into refixed expressions that diffuse and dilute stability, clearing the way for the instability of the poet's world. Thus, page 211 reads: "Enough rhetoric, I tell myself." Or like an invitation to join the search, we hear his most intimate voice when he speaks to us on page 159 of "a beauty I could only find by erasing you." Nothing is more contemporary than beauty that tends to disappear from daily life, where the order of the day is necessarily ugly, sordid, catastrophic, and in theory easy to express given its hasty, cheap reasoning, which serves to disguise a lack of talent or the excuse that the current world is, in fact, ugly and sordid, and consequently the creator must narrate or praise sordidness and failure, the ugliness that prevails. Alejandro Pérez-Cortés, consciously or unconsciously, challenges us to hunt among so much rubble and wreckage for the beauty of ugliness, the hope in the smudges, the erasures, the fraudulent manipulations of language at the service of those

Juan Rulfo y su extraordinaria capacidad de lenguaje oriundo, lengua campesina que su perfecto oído capta y recoge) y lenguaje nuevo que por igual forma parte del mundo del poeta, a la vez usamericano y mexicano: dosis a poetizar para conformar la nueva realidad lingüística, bilingüe del movedizo mundo actual. Y todo ello como intuición, como oficio, como devoción, donde una vida en un punto dado como ha dicho el propio Pérez-Cortés anhela resolver los asuntos que permiten al poeta vivir para lo que más le interesa, que es imaginar. Y desde la imaginación abrir puertas y compuertas desde cuyo umbral, ver página 202, *"¿Hueles los pasos aquellos, los que vienen? ¿Oyes aquella silueta?"* Ya no es el bueno y el malo de Hollywood, todo en Technicolor y bonito. Ahora estamos en el umbral real de la verdadera poesía donde, como aquellas siluetas que conociera Emily Dickinson, todos no somos más que sombras buscando un cuerpo que se nos deshace poco a poco y de pronto entre las manos.

manipulators who are incapable of creation, of construction, who live to destroy or to twist the twists of what orthodox language has already enfeebled.

We are in Colima and Seattle (in the state of Washington), north and south, sea and desert, a vibrant language characteristic of a region (Colima, Juan Rulfo and his extraordinary ability to write local language, rural language that his skillful ear captured and collected) and a new language occupying an equal part of the poet's US and Mexican world: doses to poeticize in order to shape the new linguistic, bilingual reality of today's shifting world. And all this as intuition, as profession, as devotion, where a life at a specific moment, as Pérez-Cortés himself has said, longs to resolve the issues that allow the poet to lead a life dedicated to what interests them most: imagining. And through imagination, open doors and gates from whose thresholds *"Can you smell those footsteps, the ones approaching? Can you hear that silhouette?"* (203). It is no longer the good and the bad of Hollywood, entirely in Technicolor and beautiful. We are now on the real threshold of true poetry where, like those silhouettes known to Emily Dickinson, we are nothing but shadows searching for a body that disintegrates suddenly and little by little in our hands.

I

IMA Y COLI SON EL ÁRBOL QUE NUNCA FUE SEMILLA

(LAS NUEVE TABLILLAS DE PIEDRA)

I

IMA AND COLI ARE THE TREE THAT WAS NEVER A SEED

(THE NINE STONE TABLETS)

UN ÁRBOL QUE NUNCA FUE SEMILLA

En las ruinas
de esta ciudad calcinada encontramos tablillas y relieves en piedra caliza.
Destaca el relieve de un hombre
que cercena la piedra hasta hacerla metáfora junto con una mujer
que exprime verbos hasta lograr que de sus conjugaciones brote un manan-
tial de barro.
En un anexo de estas tablillas se muestra el manatial de barro separarse.
Esta separación del manantial de barro crea un Lago y un Valle de tierra
agrietada,
es como tierra que se parte porque cruje, un Valle que cruje.
Hemos querido entender y explicar qué es más importante:
el hombre que cercena la piedra hasta hacerla metáfora o la mujer que
exprime verbos.

—¿*Por qué aún se nos hiela la sangre cuando tratamos de explicar esto?*
—¿*Estamos ante algo que no es de este mundo?*

Hemos decidido ni explicar ni entender.

—¿*Es profética la metáfora cercenada de la piedra, sí o no?*
—¿*Es el manantial de barro que brota de los verbos nuestro génesis, sí o no?*

A estas alturas no importa.
Si algo importa es que no sabemos hoy,
y mejor aún que no supimos lo que pasará mañana.
Existe la no respuesta a aquello de que fuimos formados del recuerdo del
suelo.

A TREE THAT WAS NEVER A SEED

In the ruins
of this charred city we found tablets and reliefs carved in limestone.
Most notable among them is the relief of a man
who chips away the stone until making it a metaphor and a woman
who squeezes verbs until causing a clay spring to flow from their
    conjugations.
In an appendix to these tablets the clay spring is shown breaking free.
This separation by the clay spring produces a Lake and a Valley made of
    fractured land,
like land that breaks apart because it crunches, a Valley that crunches.
We have tried to understand and explain which is more important:
the man who chips away the stone until making it a metaphor or the
    woman who squeezes verbs.

—Why does our blood still curdle when we attempt to explain this?
—Are we dealing with something not of this world?

We have decided to neither explain nor understand.

—Is the metaphor chipped from the stone a prophecy? Yes or no?
—Is the clay spring flowing from the verbs our genesis? Yes or no?

At this point it matters very little.
If anything matters, it's that today we don't know,
and it's better that we never found out what will come tomorrow.
There is a nonanswer to whether or not we were formed from the memory
    of the ground.

—Del recuerdo del suelo fuimos formados, ¿cómo?

No supimos cómo,
pero en esta tierra hemos descubierto
que el recuerdo nos devora hasta darnos vida,
y empezar a vivir es la mejor manera de no convertirnos en memoria.

Estas son las nueve tablillas de piedra caliza,
los relieves que narran los principios de la tierra de Ima y la tierra de Coli
y del árbol que nunca fue semilla.

—We were formed from the memory of the ground? How?

We never found out how,
but we discovered that in this land
memory devours us until giving us life,
and starting to live is the best way for us not to become a memory.

These are the nine limestone tablets,
the reliefs that narrate the dawn of the land of Ima and the land of Coli
and of the tree that was never a seed.

UN ÁRBOL SE MECE EN LA SOGA DE UN AHORCADO

(TABLILLA NÚMERO 1)

En el norte de la Tierra se encuentra Coli.

En Coli sus habitantes creen que el Lago es el principio de todo;

es deber de los padres narrar a sus hijos la historia del Lago.

—*¿Y aquellas tardes junto al lago?* preguntan los niños de Coli con sus ojitos llenos de luz.

—*Fueron el principio de todo.*

—*Madre, ¿dónde están aquellas tardes?*

—*Se han ido pero volverán. Y en una de esas tardes un día volverá el árbol.*

Pero en la región de Ima que se encuentra hacia el sur de Coli, sus habitantes niegan la existencia del Lago.

Los habitantes de Ima creen en el Valle del Crujir de la Tierra.

Y dicen: *Allí en el Valle, allí Crujió la Tierra, allí creció el árbol.*

En la soga de un ahorcado es donde se mece un árbol.

A TREE SWAYS IN A HANGED MAN'S NOOSE

(THE FIRST TABLET)

Coli is located in the north of the Earth.

The inhabitants of Coli believe that the Lake is where everything began;
it is the parents' duty to recount the story of the Lake to their children.

—*And those afternoons beside the Lake?* ask the children of Coli with their
little eyes filled with light.

—*They were where everything began.*

—*Mother, where are those afternoons?*

—*They're gone, but they will return. And one day on one of those afternoons,
the tree will return.*

But in the region of Ima, located to the south of Coli, the inhabitants re-
ject the Lake's existence.

The inhabitants of Ima believe in the Valley of the Crunching Earth.

And they say: *There in the Valley, there the Earth Crunched, there the tree
grew.*

In a hanged man's noose, a tree sways.

OLVIDAR REQUIERE DEL FUEGO
(TABLILLA NÚMERO 2)

En Ima las madres enseñan a sus niñas y niños de un Valle donde se escucha Crujir la Tierra.

Cuando llegan a los diez años de edad,

las niñas y niños nacidos en Ima hacen un viaje (sin sus padres)

hacia el Valle donde se escucha Crujir la Tierra.

Tres días tienen que estar en el Valle del Crujir de la Tierra.

Quien no logra escuchar Crujir la Tierra en esos tres días no regresa más a Ima.

Quien no escucha Crujir la Tierra tiene la opción de refugiarse en Coli.

En Coli tendrá que aceptar ciegamente la historia de la existencia del Lago y olvidarse del Valle donde se escucha Crujir la Tierra. Olvidar requiere del fuego.

El fuego es la esencia del olvido para las niñas y niños de Ima que no lograron escuchar el Crujir de la Tierra.

Los niños y niñas de Ima que se auto destierran y se refugian en Coli no pueden entrar a Coli sino hasta el anochecer. Olvidar requiere del fuego y el fuego requiere de la noche.

FORGETTING DEMANDS FIRE
(THE SECOND TABLET)

In Ima the mothers teach their girls and boys about a Valley where one
hears the Earth Crunching.

When they reach the age of ten,

the girls and boys born in Ima journey (without their parents)

to the Valley where one hears the Earth Crunching.

For three days they must remain in the Valley of the Crunching Earth.

Whoever is unable to hear the Earth Crunching during those three days
can never return to Ima.

Whoever does not hear the Earth Crunching has the option of seeking
refuge in Coli.

Once in Coli, they will have to blindly accept the story of the existence
of the Lake and forget about the Valley where one hears the Earth
Crunching. Forgetting demands fire.

Fire is the essence of forgetting for the girls and boys of Ima who were
unable to hear the Crunching of the Earth.

The boys and girls of Ima who self-exile and seek refuge in Coli cannot
enter Coli until nightfall. Forgetting demands fire and fire demands
the night.

UNA SEÑAL DE MAL AUGURIO
(TABLILLA NÚMERO 3)

La noche en que un niño o niña de Coli cumple diez años de edad,
esa noche, todos,
sin excepción, sueñan que mueren ahogados en el Lago.
Cuando un hijo o hija de Coli sueña que se ahoga en el Lago pero su
cuerpo no emerge para flotar en la superficie del Lago, eso, es una
señal de mal augurio.
Si en su sueño,
los niños o niñas ven que su cuerpo ahogado se atora en el fondo del
Lago,
ese hijo o hija no puede ser más de Coli. También en Coli destierran a sus
hijos.
Para los desterrados de Coli existen las puertas abiertas en la región de
Ima.
Cuando los desterrados de Coli llegan a Ima, un grupo de niños y niñas
disfrazados de pájaros negros recibe a los recién llegados.
No es una bienvenida.
Una niña con cara de anciana separa con su dedo índice a los que llegan
de Coli:
izquierda, derecha,
izquierda, derecha,
izquierda, izquierda, izquierda,
derecha, izquierda . . .

Alejandro Pérez-Cortés / Ima y Coli son el árbol que nunca fue semilla

A BAD OMEN

(THE THIRD TABLET)

The night a boy or girl from Coli reaches the age of ten,

that very night, without exception,

they all dream of their deaths, drowned by the Lake.

When one of Coli's sons or daughters dreams they've drowned in the
    Lake, but their body does not reappear floating on the surface of the
    Lake, that is a bad omen.

If in their dream,

the boys or girls see their drowned body mired at the bottom of the Lake,

that son or daughter can no longer be from Coli. Coli also banishes its
    children.

For the banished children of Coli, the doors to the region of Ima are
    open.

When Coli's banished reach Ima, a group of boys and girls disguised as
    black birds receives the new arrivals.

It is not a welcome.

A girl with the face of an old woman uses her index finger to separate
    those arriving from Coli:

left, right,

left, right,

left, left, left,

right, left . . .

EL VIEJO CON CARA DE PERRO XOLOITZCUINTLE
(TABLILLA NÚMERO 4)

En Coli el recibimiento es así:

Un hombre viejo con cara de perro Xoloitzcuintle recibe a los niños y niñas de Ima que no pudieron escuchar el Crujir de la Tierra. Es de noche cuando los recibe.

Coli se alumbra en antorchas encendidas.

Olvidar requiere del fuego y el fuego requiere de la noche.

El viejo con cara de perro Xoloitzcuintle les pone en las manos a los niños y niñas una pequeña brasa encendida.

Olvidar al Valle del Crujir de la Tierra es dejarse amar por el fuego.

Cuando la brasa se vuelve insoportable en las manitas de las niñas y niños, el viejo con cara de perro Xoloitzcuintle les lame con su propia lengua las manitas,

así llega el alivio.

Así les crece a los niños y niñas que creían en el Valle del Crujir de la Tierra el amor por el Lago.

THE OLD MAN WITH THE FACE OF A XOLOITZCUINTLE DOG
(THE FOURTH TABLET)

In Coli the reception proceeds like this:

An old man with the face of a Xoloitzcuintle dog receives the boys and
girls of Ima who were unable to hear the Crunching of the Earth. It
is nighttime when he receives them.

Coli is illuminated with flaming torches.

Forgetting demands fire and fire demands the night.

The old man with the face of a Xoloitzcuintle dog places a small glowing
ember in the hands of the boys and girls.

Forgetting the Valley of the Crunching Earth is to accept fire's love.

When the ember becomes unbearable in the little hands of the girls and
boys, the old man with the face of a Xoloitzcuintle dog licks their
little hands with his tongue,

this is how relief comes.

This is how a love for the Lake grows inside the boys and girls who once
believed in the Valley of the Crunching Earth.

AULLIDOS QUE NO CONOCIERON LOBO
(TABLILLA NÚMERO 5)

—¿Hay árboles que nunca fueron semilla?

—Los hay.

—¿En Ima o en Coli?

—Ima y Coli son el árbol.

—Y estos árboles que nunca fueron semilla, ¿cómo llegaron a serlo?

—Son como aullidos que no conocieron lobo.

HOWLS THAT NEVER KNEW THE WOLF
(THE FIFTH TABLET)

—*Are there trees that were never seeds?*

—*There are.*

—*In Ima or in Coli?*

—*Ima and Coli are the tree.*

—*And these trees that were never seeds, how did they come to be?*

—*They are like howls that never knew the wolf.*

CUANDO UN ÁRBOL SE ENAMORA DE UN INCENDIO
(TABLILLA NÚMERO 6)

Los que llegan de Coli a Ima deben portar por siete días una máscara que
representa el rostro de un anciano.

La máscara es de barro y lodo.

Con el paso de los días tendrán que olvidar la historia del Lago con la
que crecieron y en la que creyeron.

La máscara de barro y lodo les despierta un extraño anhelo por pertenecer
al Valle del Crujir de la Tierra.

En los niños, este extraño anhelo se siente en el cuerpo como se siente el
hambre.

En las niñas, el anhelo se siente como fiebre.

Esta fiebre no es distinta al amor que siente un árbol cuando se enamora
de un incendio.

WHEN A TREE FALLS IN LOVE WITH A FIRE
(THE SIXTH TABLET)

Those from Coli who reach Ima must wear a mask depicting the face of
an old man for seven days.

The mask is made of clay and mud.

As the days go by they will need to forget the story of the Lake they grew
up believing.

The clay and mud mask awakens inside them a strange yearning to be-
long to the Valley of the Crunching Earth.

For the boys, this strange yearning feels like the hunger they feel in their
bodies.

For the girls, the yearning feels like a fever.

This fever is no different from what a tree feels when it falls in love with
a fire.

EN IMA NACIERON LOS INSTRUMENTOS DE CUERDA
(TABLILLA NÚMERO 7)

En el principio había un instrumento de cuerdas y una colibrí.

El instrumento de cuerdas y la colibrí dieron a luz a algo que sonaba como un ritmo, pero no era un ritmo.

La música no nació así, lo que nació fue el Vibrar de la Tierra. La Tierra no estaba pero ya era. La Tierra era aún desolada, y sin forma, pero sobre todo era inmóvil y muda.

El instrumento de cuerda y la colibrí se escucharon uno al otro. Escucharse fue el primer sonido del amor.

—*Hágase el Vibrar de la Tierra,* dijeron ellos.

Y el instrumento de cuerdas y la colibrí vieron que la vibración era también sombra y que la sombra podía ser semilla. Así crearon la noche.

No conocían la tristeza, pero sabían que les faltaba algo: les faltaba el día.

A Ima le pertenecen la noche y el ritmo y los instrumentos de cuerda.

IN IMA STRINGED INSTRUMENTS WERE BORN
(THE SEVENTH TABLET)

In the beginning there was a stringed instrument and a hummingbird.

The stringed instrument and the hummingbird gave birth to something
that sounded like a rhythm, but it was not a rhythm.

This is not how music was born, what was born was the Vibrating Earth.
The Earth was not there, but it already existed. The Earth was still
desolate and shapeless, but most of all it was motionless and silent.

The stringed instrument and the hummingbird heard each other. Hear-
ing each other was the first sound of love.

—*Let there be Vibrating on Earth*, they said.

And the stringed instrument and the hummingbird saw that the vibra-
tion was also shadow and that shadow could be seed. Thus, they cre-
ated the night.

They did not know the feeling of sadness, but they sensed that something
was missing: they were missing the day.

The night and the rhythm and stringed instruments belong to Ima.

EN COLI NACIERON LOS INSTRUMENTOS DE VIENTO
(TABLILLA NÚMERO 8)

El viento silbó en las nubes.

Las nubes fueron el primer instrumento de viento.

En las nubes silbó el viento y así lloraron las nubes. De ese llanto nació el Lago.

No había Tierra entonces. La Tierra era Lago la vida era el Lago.

El principio de todo es el Lago, y la fuerza activa del Lago se movía en danza hasta que ocurría el viento, fue el viento quien silbó y creó una tonadita.

La tonadita no era música todavía.

Pero la tonadita dispersó las sombras.

Esa dispersión de sombras es lo que conocemos como día.

A Coli pertenece el día y los instrumentos de viento y la tonadita.

IN COLI WIND INSTRUMENTS WERE BORN
(THE EIGHTH TABLET)

The wind whistled through the clouds.

The clouds were the first wind instrument.

Through the clouds the wind whistled and caused the clouds to weep.
From those tears the Lake was born.

There was no Earth then. The Earth was Lake life was the Lake.

The Lake is where everything began, and the vital force of the Lake
danced about until the wind rose up, it was the wind who whistled
and created a little tune.

The little tune was not yet music.

But the little tune dispersed the shadows.

The dispersion of those shadows is what we now know as day.

The day and the little tune and wind instruments belong to Coli.

EL AGUA CONTRA LA TIERRA
(TABLILLA NÚMERO 9)

La carretera se echa a correr sin avisar.
Las tolvaneras que resguardan la entrada al Lago
nos soplan los huesos
nos los rascan
nos provocan comezón en el sexo.
En un tiempo la profundidad del Lago se tragó nubes y cerros
ahora miserable y vergonzosamente los refleja.

No existe agua en movimiento
y por eso
en las noches calles y casas se mueven cambian de lugar,
se burlan del Lago: las calles le tiran piedras las casas le desploman
    bardas.
La gente le mea las orillas hasta que lo derraman.
Algún día
dicen,
a una hoja se le desprenderá un Árbol.
Caerá sobre el Lago el árbol levantando profundidades
de quién sabe dónde:
como ola que hunde reinos hundirá Colima.

El Lago se hundirá a sí mismo
hasta terminar flotando como Árbol ahorcado,
bocarriba,
con la lengua de fuera
con los ojos abiertos
infinitos.

WATER VERSUS EARTH

(THE NINTH TABLET)

The road takes off running without warning.
The dust storms defending the entrance to the Lake
pound against our bones
scratch them
cause an itch in our loins.
At one time the depths of the Lake swallowed up clouds and mountains
now miserable and ashamed it reflects them.

Moving water does not exist
and therefore
at night streets and houses move they change places,
they mock the Lake: the streets throw stones at it the houses topple walls
    into it.
People piss on its shores until it overflows.
Some day
they say,
a Tree will detach from a leaf.
The Tree will fall onto the Lake raising its depths
from who knows where:
like a wave engulfing kingdoms, it will engulf Colima.

The Lake will engulf itself
until it is left floating like a hanged Tree,
faceup,
its tongue sticking out
its eyes open
infinite.

Alejandro Pérez-Cortés / Ima and Coli Are the Tree That Was Never a Seed

Ahogado el Lago se secará la Tierra.

Aquí nacerá un Valle. El Valle donde Crujirá la Tierra.

When the Lake has drowned the Earth will dry up.
Here a Valley will be born. The Valley where the Earth will Crunch.

II

EL NARCO, PLATA O PLOMO, LOS ANTIPOEMAS

II

THE NARCO, SILVER OR LEAD, THE ANTIPOEMS

ÉRASE UNA VEZ UN ÁRBOL,

—*un árbol que amaba los incendios*, aclara mi abuela.

Este es el árbol del cual mi abuela decía que el viento temblaba de miedo
   ante sus ramas.

En este árbol el viento se cae a pedazos: *enleprado*.

—*Abuela, la palabra "enleprado" no existe ¿Lleno de lepra querrá usted decir?*

—*En Colima todas las palabras existen*, respondía mi abuela y me servía
   una taza de chocolate caliente.

—*Te pareces tanto a tu abuelo*, me dice mi abuela.

Me lo dice y se va con la niebla que la trae.

Aquí estuvo un árbol.

Esto que hoy se ve neblina fue primero un árbol,

no muy grande el árbol, pero sí de tamaño raro.

De tamaño raro y colores más raros que su mismo tamaño. De lejos,

no se distingue si es Parota o Roble o Cedro o Encino o cualquier otro,

pero de cerca se advierte que es todos los árboles en uno. A mi abuela la
   enterramos bajo el árbol. Nadie hace chocolate caliente como mi abuela.

Bajo el árbol la enterramos. Aquí me acuerdo del chocolate calientito que
   no he vuelto a beber.

—*¿Hace cuánto la enterraron?*

—*Trece años son muchas tazas sin tomar chocolate caliente.*

Érase una vez un árbol. Un árbol que amaba los incendios.

Un árbol que se retorcía de lujuria ante al crujir de las brasas ardientes.

La enterramos bajo el árbol.

A mi abuela no la enterramos, a mi abuela la plantamos bajo el árbol.

Este árbol,

el poder de sus ramas hacía sangrar el viento que se atrevía a amarle las
   hojas.

Esta es la historia del árbol:

son historias color verde bonito, su savia roja que le brota del tronco y son
   fruto perenne.

THERE WAS ONCE A TREE,

—*a tree that loved fires*, my grandmother explains.

This is the tree whose branches my grandmother said caused the wind to
tremble in fear.

In this tree the wind falls to pieces: *leprosified*.

—*Grandmother, the word "leprosified" doesn't exist. You mean stricken with
leprosy?*

—*In Colima every word exists*, replied my grandmother, and she brought
me a cup of hot chocolate.

—*You look so much like your grandfather*, my grandmother tells me.

She says this and then disappears along with the mist that brings her.

Here a tree stood.

This that looks like mist today was first a tree,

not a very big tree, but certainly unusual in size.

Unusual in size, with colors more unusual than its size. At a distance,

one couldn't say if it's a Parota or an Oak or a Cedar or an Ilex or some
other variety,

but up close it's clear it's every tree in one. We buried my grandmother
beneath the tree. No one makes hot chocolate like my grandmother.

Beneath the tree we buried her. Here I'm reminded of that hot chocolate
I never tasted again.

—*How long ago was it that you buried her?*

—*Thirteen years are lots of cups without having hot chocolate.*

There was once a tree. A tree that loved fires.

A tree that writhed in lust at the crackling of the burning embers.

We buried her beneath the tree.

We didn't bury my grandmother, we planted my grandmother beneath
the tree.

This tree,

the power of its branches drew blood from the wind that dared to love its
leaves.

Uno puede platicar con este árbol que ya habíamos dicho no es muy
   grande,
pero sus diálogos son interesantes,
como risa de niña, o como beso de niño. Y tiene infinitas raíces,
larguísimas,
enormes. Amorosas de tan impensables,
impensables de tan azules,
imposibles de concebir por los hombres que oyen decir "Colima" y pien-
   san en una mujer que solo sirve para quitarse los calzones.
—*Esa no es Colima,* responde mi abuela desde la cocina.
—*En Colima, las mujeres tenemos las enaguas bien puestas,*
vuelve a responder mi abuela.
—*Esa, la que se baja los calzones es un sicario, o cualquier otra cosa, pero Co-
   lima no, Colima nunca.*
Un día este árbol que ama los incendios purificará Colima primero
   después el mundo.
Y todo empezará limpio y nuevo, un ave fénix.
La última vez que se me apareció mi abuela, así me lo platicó.

This is the story of the tree:

they are beautiful green-colored stories, their red sap oozing from its
     trunk, perennial fruits.

You can talk with this tree, which as we have already said isn't very big,

but its conversations are interesting,

like a girl's laugh, or a boy's kiss. And it has infinite roots,

interminable,

enormous. So unthinkable they are amorous,

so blue they are unthinkable,

impossible to conceive for those men who hear "Colima" and think of a
     woman whose sole purpose is to remove her panties.

—*That is not Colima*, replies my grandmother from the kitchen.

—*In Colima, we women keep our undergarments firmly in place,*
my grandmother again replies.

—*That one there, the one who drops her panties, is an assassin, or anything*
     else, but not Colima, never Colima.

One day this tree that loves fires will purify first Colima then the world.

And everything will begin anew and clean, a phoenix.

The last time my grandmother appeared to me, this is what she said.

SI NO ES LA PÓLVORA Y LA SANGRE, ¿QUÉ ES?

Enciendo el extractor de jugos
y el ruido del sol entrando por la ventana aceita
y echa a andar los engranes de una ciudad que pareciera no haber estado
    aquí la noche de ayer.

—*Esta ciudad* (dices) *crece cada noche.*
Estas tierras son otras cada mañana.
¿Qué fertiliza a Colima cada noche haciéndola crecer?
Si no es la pólvora y la sangre lo que fertiliza a Colima haciéndola crecer, ¿qué es?

Escojo las más amarillas y el pelo borrasca en que despiertas abre mi
    conversación:
—*Así enmarañado tu pelo. Así imagino espadas lanzas flechas.*
Así campo de batalla.
Así las balaceras.
Los levantones. Los cuerpos los encuentran pero no los hijos.

No contestas. Exprimo dos más.
Despeinada y hermosa. A propósito de batallas y tu pelo pregunto: *¿Te*
    he dicho que me encontré con otra teoría del porqué Aníbal de Cartago no
    destruyó Roma? Silencio.
Ayer fue último día en tu período. No estás lejos de sonreír. Lloraste la
    semana y también el viernes. Estás cerca de sonreír.

—*Es la sangre y es la pólvora* (dices).
Anoche mataron en la cabeza al señor Francisco aquí en la esquina.
Le dispararon y huyeron en una moto. Lo confundieron con otra persona.
Es la pólvora y la sangre lo que fertiliza esta Colima. Cayó al suelo con dos
    disparos el señor Francisco. Era familia de Alejandro (dices).

Alejandro Pérez-Cortés / Ima y Coli son el árbol que nunca fue semilla

IF IT IS NOT THE GUNPOWDER AND THE BLOOD, WHAT IS IT?

I turn on the juicer
and the sound of the sun shining through the window greases
and sets in motion the gears of a city that seemed not here last night.

—*This city* (you say) *grows bigger every night.*
These lands are different every morning.
What fertilizes Colima every night making it grow?
If it is not the gunpowder and the blood that fertilizes Colima making it grow,
    what is it?

I pick the yellowest of them and your tempestuous morning hair initiates
    my conversation:
—*Your hair all entangled like that. I imagine swords spears arrows like that.*
Battlefields like that.
Shoot-outs like that.
Kidnappings. They find the bodies but not the children.

You don't respond. I juice two more.
Disheveled and beautiful. On the subject of battles and your hair I ask:
    Did I tell you I came up with another theory as to why Hannibal of Car-
    thage didn't destroy Rome? Silence.
Yesterday was the last day of your period. You're not too far off from
    smiling. You cried all week and Friday too. You're close to smiling.

—*It's the blood and it's the gunpowder* (you say).
Last night they shot Francisco in the head here at the corner.
They shot him and took off on a motorcycle. They confused him with someone else.
It's the gunpowder and the blood that fertilizes this Colima. Francisco fell to
    the ground with two gunshots. He was related to Alejandro (you say).

Terminó tu período ayer. Anoche planchaste el vestido azul pensando en
  vestirte de blanco,
estás cerca de sonreír. Sigo exprimiendo. Sigues bostezando,
has planeando por días vestir de blanco.
Tu silencio me recuerda un proverbio que adulteré:
El corazón de un hombre es como . . . Lo adulteré:
El corazón de una mujer es como río de aguas profundas, el hombre con dis-
  cernimiento lo penetrará.

Vestirás de blanco. ¿Es hoy el día? Ese silencio.
—*¿De blanco?* pregunto. Te doy el jugo.
El corazón de una mujer. Río de aguas profundas. ¿Quién lo penetrará?
  Despeinada.

—*Me gustas cuando vistes de blanco.*
—*¿Y de azul? ¿Te gusto cuando visto de azul?*
—*De azul me gustas menos. Pero soy tuyo igual que cuando vistes de blanco.*

Sonríes.
Despeinada y hermosa.
Bebes. Terminas el jugo.
—*Ducha*, es todo lo que dices, y me pregunto si quitarte la ropa de ese
  modo es tu forma de dispararme lo que piensas que soy.
Desde el suelo tu pijama me dice, *Ve tras ella,*
tu camisón me aúlla, *Síguela.*
Acepto la provocación. Treinta días desde hoy hasta mayo, jugo en las
  mañanas. Abrazos largos y cosas más en la ducha,
vestida de azul o blanco. Mujer de corazón de agua profunda. Treinta días
  desde hoy hasta mayo,
te abrazo aunque en la noche la Colima ésta,

Your period ended yesterday. Last night you ironed the blue dress, plan-
  ning to wear white,
you're close to smiling. I keep juicing. You keep yawning,
for days you've been planning to wear white.
Your silence reminds me of a proverb I corrupted:
The heart of a man is like . . . I corrupted it:
The heart of a woman is like a river whose waters run deep, a discerning man
  will know how to penetrate it.

You're going to wear white. Is today the day? That silence.
—*White?* I ask. I hand you the juice.
The heart of a woman. A river with deep waters. Who will penetrate it?
  Disheveled.

—*I like you in white.*
—*And blue? Do you like me in blue?*
—*I like you less in blue. But I'm yours just like when you wear white.*

You smile.
Disheveled and beautiful.
You drink. You finish the juice.
—*Shower,* that's all you say, and I wonder if taking off your clothes like
  that is your way of shouting what you think I am.
From the ground your pajamas say, *Go after her,*
your nightgown howls, *Follow her.*
I accept the provocation. Thirty days between now and May, juice in the
  mornings. Long hugs and other things in the shower,
dressed in blue or white. Woman with a heart of deep waters. Thirty days
  between now and May,
I hug you even if at night this Colima,

a la que levantan a la que encajuelan a la que decapitan,
se fertilice, se crezca de noche, a pólvora y sangre, te abrazo,
desde hoy hasta mayo.

the one they kidnap the one they throw in the trunk the one they decapitate, is fertilized, grows at night, with gunpowder and blood, I hug you, from now until May.

LA TIERRA ES PLANA

Un militar chileno me dijo que Allende fue tan perro como Pinochet.

Una cocinera de la India me dijo que Gandhi fue un lobo hambriento.

El amigo judío que me invitó a aprender hebreo me dijo que leyera Juan
13:23.

Leí Juan 13:23 y me enteré que Leonardo me miente desde la Edad Media,

los judíos no se sentaban en sillas como nosotros, los judíos se reclinaban
cuando comían.

Descubrir que lo creído quizá sea mentira me convierte en un alguien que
tiene una casa por donde pasa un río,

un río a donde no vienen los tigres ni a beber agua ni a bañarse.

—*¿Para qué le sirve a un alguien tener una casa con río si no vienen los tigres
a bañarse?*

Meditaba en esto cuando escuché:

—*Arbitro, la marcaste mal, marcaste mal, no fue mano,*

ese campeonato es una mentira,

qué infamia, esa mano dentro del área es como afirmar que la Tierra es plana.

¿Es la Tierra plana?

Me acerqué al teclado. Hice una búsqueda: *¿Es la Tierra plana?*

La Tierra es plana. 133,654,879 visitas a un sitio en la Red lo confirman.

¿Y si resulta que también Galileo me miente?

Dispuesto a insultar Galileo me asomé por la ventana para ver el hori-
zonte pero entraste tú.

Me llamaste bello

y mientras me quitabas la ropa hablabas de la hija que un día tendremos
en otro tiempo,

otra distancia y geografía.

Alejandro Pérez-Cortés / Ima y Coli son el árbol que nunca fue semilla

THE EARTH IS FLAT

A Chilean soldier told me Allende was as much a bastard as Pinochet.
A cook from India told me that Gandhi was a starving wolf.
My Jewish friend who invited me to learn Hebrew told me to read John
    13:23.
I read John 13:23 and realized that Leonardo has been lying to me since
    the Middle Ages,
the Jews did not sit in chairs like us, the Jews reclined while they ate.
Discovering that my beliefs might be lies turns me into someone who has
    a house with a river running through it,
a river where tigers never come to drink or bathe.
—*What good is it for someone to have a house with a river if no tigers come to*
    bathe in it?

I was contemplating this when I heard:
—*Ref, you called it wrong, you called it wrong, it wasn't a handball,*
this championship is a lie,
what a disgrace, that handball in the box is like declaring the Earth is flat.

Is the Earth flat?
I went to the keyboard. I searched: *Is the Earth flat?*
The Earth is flat. 133,654,879 visits to a website confirm it.
And what if Galileo has also been lying to me?
On the verge of maligning Galileo I looked out the window to see the
    horizon but you walked in.
You called me beautiful
and as you undressed me you talked about the daughter we will have one
    day at another time,
another place and geography.

Me hiciste preguntar:

—*La hija que un día vamos a tener, ¿la rescataremos de la navidad o le sembraremos la mentira?*

—*No sé, pero es bueno que los dos aborrezcamos Feisbúk,* respondiste.

Batallaba con tu "bra" cuando me hiciste parar de golpe,

me preguntaste:

—*En noviembre,*

cuando el cielo es azul de tan alto,

¿crees que los ríos en Colima no estarán inundados de cabezas flotando,

será posible?

—*Contigo es posible que un día el Polo Sur y el Polo Norte hagan esquina,*

te respondo.

Sonríes.

—*¿Sonríes por mi respuesta o porque no puedo quitarte el bra?*

Me respondes quitándotelo para mí.

No es hora de averiguar si la Tierra es plana,

es hora de callarnos

de ensayar

de practicar y darle forma a nuestra hija,

de soñar que un día no habrá decapitados en Colima.

You made me ask:

—*The daughter we're going to have one day, will we spare her the Christmas*
    lie or will we plant it in her?

—*I don't know, but it's good that we both despise Facebook*, you answered.

I was struggling with your bra when all of a sudden you stopped me,
you asked me:

—*In November,*

when the sky is so toweringly blue,

do you think the rivers in Colima might not be flooded with floating heads,

is it possible?

—*With you it's possible that one day the South Pole and North Pole will be*
    right around the corner from each other,

I answer.

You smile.

—*Are you smiling because of my answer or because I can't get your bra off?*

You answer by taking it off for me.

Now is not the time to find out if the Earth is flat,

it's time for us to be quiet

to rehearse

to practice and give shape to our daughter,

to dream that one day there will be no bodies decapitated in Colima.

EL CUERVO NO QUIERE VOLAR

Nogueras, el cuervo no quiere volar para que tú no pienses en alas
y yo no escriba viento y no pueda hablar nube.

Pero escribiré nube hablaré viento,
aunque Comala me entierre en panes y Pedro en sus bravuconadas es-
    conda el café.
Quizá Juan en mi ausencia no se atreva a bajarte la falda.

Pero tú alzarás el vuelo.
Mutarás la Jaula Nogueras. La nuestra, la jaula nuestra de cada día.
Mutarás. No matarás Nogueras el árbol de Parota.
No hay derecho de piso que lo valga. Ni todo el plomo ni toda la plata.

La colibrí no volará. Volverá,
para que crezcas alas
y yo te escriba viento. Vente, y yo te escribiré te traduciré nubes.

Es hora,
la hora
no la del cuervo,
la del colibrí.

Nogueras,
tú o yo.
Si no los dos
por lo menos uno volverá volará.

Alejandro Pérez-Cortés / Ima y Coli son el árbol que nunca fue semilla

THE RAVEN DOESN'T WANT TO FLY

Nogueras, the raven doesn't want to fly so that you won't think of wings
and so that I won't write wind and can't speak cloud.

But I'll write cloud I'll speak wind,
even if Comala buries me in bread and Pedro hides the coffee in all his
    bluster.
Maybe in my absence Juan won't dare pull down your skirt.

But you'll fly away.
You'll transform that Nogueras Cage. Ours, the cage of our every day.
You'll transform it. You won't kill Nogueras the Parota tree.
No payoff is worth it. Nor all the lead nor all the silver.

The hummingbird won't fly. It will return,
so that you grow wings
and I can write wind for you. Come, and I'll write for you translate
    clouds for you.

It's time,
time
not for the raven,
for the hummingbird.

Nogueras,
you or me.
If not both of us
at least one will return will fly.

MOJADA LA LEVANTARON MOJADA NOS LA REGRESAN

En qué momento lluvia te convertiste en matona,
hablas y acribillas ramas hojas árboles que no tienen con qué defenderse.

Cobarde que mojas cuando damos la espalda
que esperas a la vuelta de la esquina agazapada en las nubes más oscuras.

Todas las hojas caídas te las achacaremos lluvia.
Aprenderás cuando te estés secando: eres lluvia gracias a los árboles

sin ellos andarías errante
sin ellos no tomarías la virginidad de las raíces,

ni flagelarías sus faldas.
Lluvia: el viento anuncia que van a levantarte.

—*Mojada la levantaron y*
mojada nos la regresan, dirá de ti la brizna aquel día cuando no te
    encuentren.

Y ya levantada dime,
¿quién te acariciará el cabello?

WET WHEN THEY TOOK IT FROM US
WET THEY'D BETTER RETURN IT

At what point rain did you become a thug,
you speak and batter branches leaves trees who cannot defend themselves.

Coward you drench us when our backs are turned
you wait around the corner crouching in the darkest clouds.

For every fallen leaf we will blame you rain.
You will learn when you're drying up: you exist rain thanks to the trees

without them you would wander aimlessly
without them you would not rob the roots of their virginity,

nor would you scourge their skirts.
Rain: the wind signals they are going to take you.

—*Wet when they took it from us and*
wet they'd better return it, the breeze will say that day you cannot be found.

And once they've taken you tell me,
who will caress your hair?

NO SON PIEDRAS SON CABEZAS

Es como si hubiera sido ayer. Dormía.
Entonces no cerrábamos las puertas para dormir.

Como a eso de las tres de la madrugada un ruido parecido a piedras que
    se hacen sangrar me despertó.
Los años que tenía yo de andar conmigo eran varios. Quizá más de
    veinte.

—*Como piedras era el ruido que chocaban lo que me asustó como a niño.*

Por un momento quise correr al cuarto de mi madre y abrazarme a ella.
No era nada, sólo nubes. Era septiembre y esperé a que lloviera. Horas
y nunca llovió fueron horas.
Puras nubes tronando.
No recuerdo más noches de septiembre como esa: me la pasé con los ojos
    bien abiertos y latiendo al corazón desesperado.
No pude volver a dormir, no lo olvido aún a los setenta y siete años.
Anoche volví a escuchar eso parecido como a música:
la corriente del río trajo esos truenos como piedras que se hacen sangrar.
En la mañana me acerqué a los niños que creaban
y pintaban alebrijes:
una criatura mitad venado mitad cuervo con dedos humanos mutilados
    que salían de sus ojos,
una criatura mitad serpiente mitad lobo con la cola de un torso humano
    torturado,
—*¿Qué hacen?* pregunté.
—*Alebrijes*, respondieron.
—*¿Alebrijes con partes humanas mutiladas?*

Alejandro Pérez-Cortés / Ima y Coli son el árbol que nunca fue semilla

THOSE AREN'T STONES THEY'RE HEADS

It's as if it were yesterday. I was sleeping.
In those days we didn't close the doors when we slept.

Around three in the morning a noise like stones bleeding awakened me.
I had spent several years with myself. Perhaps more than twenty.

—*The noise was like clattering stones, scaring me like a little boy.*

For a split second I wanted to run to my mother's room and throw my
    arms around her.
It was nothing, just clouds. It was September and I waited for it to rain.
    Hours
and it never rained hours passed.
Nothing but clouds thundering.
I don't recall any other nights in September like that one: I spent it with
    my eyes wide open and my heart beating furiously.
I couldn't go back to sleep, I'll never forget it, not even at seventy-seven.
Last night I heard that sound like music again:
the river current brought us those claps of thunder like stones bleeding.
In the morning I watched the children making
and painting alebrijes:
a creature that was half-deer half-raven with mutilated human fingers
    coming out of its eyes,
a creature that was half-serpent half-wolf with a tortured human torso
    for a tail,
—*What are you making?* I asked.
—*Alebrijes,* they replied.
—*Alebrijes with mutilated human body parts?*

—*Son alebrijes colimotes*, respondieron.

Volví a escuchar el ruido de piedras chocando en el río yendo corriente
abajo,
y les pregunté a los niños que hacen alebrijes:
—*¿Las oyen, oyen las piedras del río, las piedras chocando, arrastradas por la
corriente?*
—*No son piedras, son las cabezas de gente que levantaron*, me dijeron.

Como si Colima nunca hubiera existido.
Como si mi tierra fuera un mal sueño.
Me "insomnian" las piedras que chocan. Y por eso todo es como si hu-
biera sido ayer.
Un mal sueño. Otra balacera más. Alguien a quien no encuentran.

—They are Coliman alebrijes, they replied.

I again heard the sound of clattering stones moving downriver,
and I asked the children making alebrijes:
—Do you hear them? Do you hear the stones in the river, the clattering stones,
    swept away by the current?
—Those aren't stones, they're the heads of people who've been kidnapped, they
    told me.

As if Colima had never existed.
As if my homeland had been a bad dream.
Those clattering stones "insomnia" me. And that's why everything is as if
    it were yesterday.
A bad dream. Another shoot-out. Somebody they cannot find.

LOS NIÑOS

La fragilidad de
la
lluvia
es
(como la de los niños que disparan)
tanta
que
las gotas
amenazan con despedazarse antes de tocar la tierra.
En esta ciudad de *plata* o *plomo*
nadie ha tenido la más mínima
intención de pensar
que
la
lluvia
es
algo vivo: un trozo de alivio a la mitad de la herida
(como la de los niños que decapitan)

La noche habla: *yo tengo el derecho de piso,*
por eso
la noche
le roba
un par
de minutos al día: *en el principio la Tierra se hallaba sin forma*
y había oscuridad. Hágase la luz.
Por eso la insensibilidad camina con la gente
en esta ciudad.

THE CHILDREN

The fragility of
the
rain
is
(like that of the children they shoot)
so great
that
the drops
threaten to shatter before they touch the ground.
In this city of *silver* or *lead*
no one has had the slightest
intention of thinking
that
the
rain
is
a living thing: a slice of respite in the heart of the wound
(like that of the children they decapitate)

The night speaks: *I own the rights to this place,*
that's why
the night
steals
a few minutes
from the day: *In the beginning the Earth was formless*
and there was darkness. Let there be light.
This is why callousness walks alongside the people
in this city.

Ese niño que dispara nunca tuvo para pan. Esa niña que dispara nunca
    tuvo para zapatos.
Nunca fueron a la escuela
pero su ortografía
es perfecta: en los mensajes de las cartulinas jamás han escrito "cabezas"
    con *k*.

Nadie los culpe porque la Tierra se inunde
con lluvia
con sangre
con sangre
con lluvia.
—*¿Y si la lluvia volviera a ser niña?*
—*¿Le regalaríamos nuestros zapatos?*

—*¿Y si la lluvia volviera a ser niño?*
—*¿Nos quitaríamos el pan de la boca?*

That boy pulling the trigger never had enough for bread. That girl pull-
    ing the trigger never had enough for shoes.
They never went to school
but their spelling
is perfect: in those messages written on cardboard they've never once
    spelled "decapitated" with a *k*.

Nobody will blame them if the Earth floods
with rain
with blood
with blood
with rain.
—And if the rain were a girl again?
—Would we offer her our shoes?

—And if the rain were a boy again?
—Would we take the bread from our mouths?

EL VIENTO

A la memoria de las desaparecidas.
Víctimas de la violencia de género.

Nadie visita este pueblo, por eso,
no puedo ni quiero ignorar al viento:
se lleva casas se lleva niños mujeres y viejos.
A jirones nos arranca la piel huesos nos desparrama.
Después descubrimos que nos falta más de un hueso.

Y arranca de la tierra a los muertos con todo y raíz:
los expande nos deja un reguero de muertos.
Nadie los recogerá.
Estarán tirados mucho tiempo,
y cada mañana
ya sin sorpresa descubriremos cómo se multiplicaron los muertos durante
    la noche.

Nadie visita este pueblo. La gente de aquí cerquita nos pasa de lejos.
Aquí sólo viene el viento que volverá muy pronto.
Traerá de nuevo casas niños mujeres y viejos.
Nos traerá los huesos que nos faltan y con la confusión nos pondremos
unos los huesos de otros.
Por eso aquí los hombres nos parecemos tanto:
tan igualitos todos
tan buenos para herir con palabras
tan hijos de la chingada todos.

Hartas de los hombres que hieren con palabras,
las mujeres se acarician

Alejandro Pérez-Cortés / Ima y Coli son el árbol que nunca fue semilla

THE WIND

In memory of the missing women.
Victims of gender violence.

No one visits this town, that's why
I cannot, nor do I want to, ignore the wind:
it carries off houses it carries off children women and old people.
In shreds it rips off our skin it scatters our bones.
Later we find we are missing more than just one bone.

And it rips the dead from the ground roots and all:
it strews them leaving us a pile of bodies.
No one comes to collect them.
They will lie there for a long while,
and every morning
no longer surprised we will find that the dead have multiplied during the
     night.

No one visits this town. The people nearby take the long way around.
Only the wind comes here and very soon it will be back.
It will bring houses children women and old people again.
It will bring us the bones we're missing and in the confusion we will don
the bones of others.
This is why we men look so alike here:
so identical the lot of us
so good at wounding with our words
so sonsabitches the lot of us.

Fed up with the men who wound with their words,
the women caress themselves

Alejandro Pérez-Cortés / Ima and Coli Are the Tree That Was Never a Seed

se acarician
se acarician el rincón púbico,
hasta conseguir húmedas la erección de sus pezones.

Ahí viene el viento a levantar polvo.
Tanto viento polvo que sepultará a los muertos que sacó al principio.
También traerá muertos nuevos extraños los "sinvida" ajenos nuevos
    muertos nuestros que hacen crecer al pueblo.

Y se irá el viento
para volver otro día y hacernos lo que siempre nos hace.

they caress themselves
they caress their pubic area,
until wetting the erection of their nipples.

Here comes the wind to stir up the dust.
So much wind dust that will bury the dead bodies it previously pulled up.
It will also bring strange new dead bodies the "lifeless" outsiders our new
    dead who make the town grow.

And the wind will leave
to return another day and do to us what it always does to us.

III

AÑO DOS MIL VEINTE

III

THE YEAR TWO THOUSAND AND TWENTY

LA NOCHE DE MAÑANA

Para el taller literario Epic Group Writers de Edmonds, WA

En el suelo hay un hombre. Sangra. Nos parecemos, se parece a mí.

La noche de mañana no tiene nada que ver con el futuro.

Sentado con su sangre callado en el suelo me parezco a él, al hombre
sentado.

Y hay también el policía, y el lápiz del policía. ¿Escribe o miente?

Si ese lápiz no escribe, ¿qué hace? Hay un hombre, y hay también lo de
mañana.

Lo de mañana no es el futuro, es otro día. Ese día. Llegará seguramente
el día,

pero no será el futuro.

El día de mañana yo hice un mapa. Miento. No hice un mapa.

A veces miento, cuando el café no está hirviendo miento. El café no es-
taba conmigo,

pero el mapa sí, porque el mapa era la tierra, y la tierra era yo, estaba allí
cuando llegué,

y el hombre ya sangraba. Y el mapa los límites las fronteras nos cruzaron
a nosotros,

al mapa ni lo toqué al mapa lo que le hice fue extenderle los límites con
una palabra recién inventada: *Espertancia*, que significa "Esperanza en
la Distancia,"

y el policía miraba su lápiz y la sangre del hombre miraba al lápiz,

si ese lápiz no escribe, ¿qué hace?

¿Qué hace un lápiz cuando un hombre que se parece a mí sangra en el
suelo?

El hombre no entiende al policía,

pero el frío se entiende con el hombre. El policía que escribe y el hombre
que sangra no se entienden, lo sé porque puedo verlo.

Alejandro Pérez-Cortés / Ima y Coli son el árbol que nunca fue semilla

TOMORROW NIGHT

For the Epic Group Writers Workshop in Edmonds, WA

There is a man on the ground. Bleeding. We look alike, he looks like me.

Tomorrow night is not about the future.

Sitting there with his blood silent on the ground I look like him, like the
man sitting.

And the policeman is there also, and the policeman's pencil. Does it write
or does it lie?

If that pencil doesn't write, then what does it do? There is a man, and
there is also tomorrow.

Tomorrow is not the future, it's another day. That day. The day will surely
come,

but it won't be the future.

Tomorrow during the day I drew a map. I'm lying. I didn't draw a map.

Sometimes I lie, when the coffee isn't boiling I lie. The coffee wasn't
with me,

but the map was, because the map was the land, and the land was me, it
was there when I arrived,

and the man was already bleeding. And the map the boundaries the bor-
ders crossed us,

I didn't even touch the map what I did was extend its boundaries with a
word I just came up with: *Hopenstance*, which means "Hope in the
Distance,"

and the policeman was looking at his pencil and the man's blood was
looking at the pencil,

if that pencil doesn't write, then what does it do?

What does a pencil do when a man who looks like me is bleeding on the
ground?

The man doesn't understand the policeman,

Alejandro Pérez-Cortés / Ima and Coli Are the Tree That Was Never a Seed

Lo sé porque me di cuenta sin aprenderlo, lo supe sin que nadie me ense-
ñara: el policía no entiende al hombre. Lo sé porque no nací aquí.

Nací ayer o mañana, no importa cuándo, porque mañana, lo que viene,
eso,

eso no es el futuro. Mi color es Moreno,

como el hombre que sangra en el suelo. No tanto cómo él, pero su sangre
cayendo al suelo es como la mía.

Desde mi carro la sangre sus rodillas el café el policía el frío.

Desde mi carro la *Espertancia, Esperanza en la Distancia.*

Pero yo a veces soy mi carro. Mi carro soy éste que bebe café mientras ob-
servo al hombre que sangra. Mi carro soy éste que bebo sin frío,

y ocurre que desde aquí se ve lo de mañana, lo de mañana es cualquier cosa,

pero nunca será otro día. El futuro que se ve venir no es mañana,

es otro día, pero no es nuevo. Eso de mañana, los próximos minutos no
son el futuro.

Será quizá por eso que ahora son tres los lápices. Tres armas tres policías
hay tres lados en la historia, quisiera decir *cuatro.* Cuatro lados en la
historia,

pero un lado de la historia no cuenta, el hombre que sangra no cuenta
porque no lo entienden. Pero yo que veo esto, a veces me he sentado a
pedir un café.

Hace días me preguntaron: *¿Dónde aprendió a hablar español?*

¿Dónde aprendí español? Y yo pensé en mi madre. Lo aprendí en mi
madre. Ella no nació aquí, pero morirá aquí. Mañana tenemos una
cita. La cita es el primer pago para la cremación de mi madre. Yo le
traduzco a mi madre.

Mi madre no quiso el paquete funerario que incluye liberar diez palomas
blancas mientras la creman.

—*Diez palomas,* oigo pensar a mi madre llena de tristeza.

—*Pobrecitas palomas. En Seattle llueve tan frío, ¿podrán encontrar cobijo cuando
las liberen mientras me creman?*

but the cold understands the man. The policeman writing and the man
  bleeding don't understand each other, I know because I can see it.
I know because I realized it without learning about it, I knew it without
  anyone teaching me about it: the policeman doesn't understand the
  man. I know because I wasn't born here.
I was born yesterday or tomorrow, it doesn't matter when, because tomor-
  row, what's coming, that,
that is not the future. My color is Brown,
like the man on the ground bleeding. Not as much as his, but his blood
  falling to the ground is like mine.
From my car the blood his knees the coffee the policeman the cold.
From my car *Hopenstance, Hope in the Distance.*
But sometimes I am my car. I am my car the one drinking coffee while I
  watch the man who is bleeding. I am my car the one drinking who
  feels no cold,
and it happens that from here you can see tomorrow, tomorrow is any-
  thing,
but it'll never be another day. The future you see coming isn't tomorrow,
it is another day, but it's not new. Tomorrow, the next few minutes are not
  the future.
Maybe that is why there are now three pencils. Three guns three police-
  men there are three sides to the story, I meant to say *four.* Four sides
  to the story,
but one side of story doesn't count, the man bleeding doesn't count be-
  cause they don't understand him. But seeing this, sometimes I have
  sat down to order a coffee.
A few days ago they asked me: *Where did you learn to speak Spanish?*
Where did I learn Spanish? And I thought about my mother. I learned it
  inside my mother. She wasn't born here, but she will die here. Tomor-
  row we have an appointment. The appointment is to make the first
  payment on my mother's cremation. I translate for my mother.

—*¿Dónde aprendí español?* me preguntaron, y no supe qué decir. Igual que
    el hombre que sangra en el suelo no sabe qué decir, Moreno,
el hombre como yo,
ante los tres lápices me obliga a pensar en el mapa, y en *Espertancia, Espe-*
    ranza en la Distancia, y es por la sangre del hombre
que pienso en lo que ya dije, que yo no hago mapas,
yo borro los límites y extiendo las fronteras, porque las fronteras nos cru-
    zaron a nosotros,
es lo que ya dije, lo mismo, pero cambio las palabras,
yo digo que dije, que mañana,
eso que viene, lo que esperamos que ocurra, eso,
el día tal,
eso no es el futuro. No. Es la noche de mañana. Y ya, la *Espertancia.*

My mother didn't want the funeral package that comes with ten white
    doves released as they cremate her.

—*Ten doves*, I hear my mother thinking filled with sadness.

—*Poor little doves. In Seattle the rain is so cold, would they be able to find*
    shelter once they release them while they cremate me?

—*Where did I learn Spanish?* they asked me, and I didn't know what to
    say. Just like the man bleeding on the ground doesn't know what to
    say, Brown,

the man like me,

seeing those three pencils forces me to think about the map, and about
    Hopenstance, Hope in the Distance, and it's because of the man's blood

that I think about what I've already said, that I don't make maps,

I erase the boundaries and extend the borders, because the borders
    crossed us,

it's what I've already said, the same thing, but I change up the words,

I say that I said, that tomorrow,

what's coming, what we hope happens, that,

that day,

that is not the future. No. It's tomorrow night. Nothing more, *Hopenstance*.

GEORGE FLOYD

A la memoria de todos aquellos
a quienes se grabó su ejecución con un teléfono,
pero sobre todo a la memoria de todos aquellos
a quienes no vimos morir en video.

Ya está aquí la lluvia nocturna.

La Tierra mojada marcha por las calles.

Aromas húmedos invaden estas páginas y sus patios y sus alebrijes.

Ya no hay verso que se esconda o se muera de sequía.

Escurren por las alcantarillas los orígenes del canto.

No son gritos, es canto. El canto. Uno nuevo.

Uno nuevo un canto las pieles todas las blancas las morenas las negras las
    amarillas
todas cantan
estas pieles
todas llueven y se acuestan juntas.
Es la lluvia nocturna.

Llueve y las pieles todas se mojan porque se aman.
Llueve y se ahogan las balas. Las que eran balas son semillas.
Estos somos los árboles. Los nosotros las pieles. Semilla mata bala.
Llueve semilla llueve canto nuevo. Simiente traga disparos.

GEORGE FLOYD

In memory of all those whose
executions were recorded by a cell phone,
but most of all, in memory of all those
we did not see die on video.

Now the nocturnal rain is here.

The wet Earth marches in the streets.

Damp aromas invade these pages and their patios and their alebrijes.

Now no verse can hide or die of drought.

The origins of song trickle through the drains.

They're not screams, it's song. The song. A new one.

A new one a song skins all the white ones the brown ones the black ones
    the yellow ones
they all sing
these skins
they all rain and sleep together.
This is the nocturnal rain.

It rains and the skins all of them get wet because they love each other.
It rains and the bullets drown. What were once bullets are seeds.
This is what we trees are. We skins. Seed kills bullet.
It rains seed it rains new song. Seed swallows gunshots.

Alejandro Pérez-Cortés / Ima and Coli Are the Tree That Was Never a Seed

89

Nocturna llueve la lluvia el canto.

Más que llueva más un nuevo canto que llueva más que se lave el mundo.

The rain the song rains nocturnal.

More rain more a new song rain more may the world be cleansed.

POEMA DE DUDOSAS CUALIDADES

Tan pronto como vi sus primeras líneas
supe que sería un poema de dudosas cualidades.
Pero la hermosa miel que brotaba de los versos y rimas me miró y enton-
ces descubrí algo muy familiar a la tierra donde nací:
—*Algo hay de ladrillos de adobe y cafetales*, me dije.
Mi madre que habla poco pero lee mucho me mandó decir:
—*No le des vida a textos como este.*
En otros tiempos, a creaciones así las desaparecían en el Lago.
Amanecían flotando.
Flotaban, así nomás.
Sin juicio, sin testigos.
Yo no tenía intención de discutir con mi madre ni con nadie,
pero fui firme al hacer la pregunta:
—*¿Y qué les parece la forma en que el viento se mece entre sus rimas y ramas*
y versos y flores? ¿No les parece que esto se parece a los senderos de donde
venimos?
También señalé los encabalgamientos y las metáforas, y les dije:
—*Hasta las raíces son parecidas a las metáforas que nos cantaban nuestros*
abuelos.
Las flores rojas no son las mejores, pero las amarillas, esas tienen calidad, y eso
que todavía no llega la primavera, o quizá nunca llegue.
Cuando dije eso,
algunos de los que me escucharon pensaron en la distancia,
otros en el frío,
alguien más en la esperanza,
pero yo pensé en la memoria. La tierra de donde venimos no tiene una
palabra para definir "historia",
únicamente tenemos palabra para "memoria".

POEM OF DUBIOUS MERIT

As soon as I saw its first lines

I knew it would be a poem of dubious merit.

But the beautiful honey spilling forth from its verses and rhymes looked
at me and I discovered something familiar in it, like the land where I
was born:

—*There are hints of adobe bricks and coffee plantations*, I said to myself.

My mother, who says little but reads a lot, told me to say:

—*Don't breathe life into texts like this one.*

In earlier times, creations like these were disappeared into the Lake.

They awoke floating.

Just floating there.

Without judgment, without witnesses.

I had no intention of arguing with my mother or with anyone else,

but I was firm when I asked:

—*And what do you think about the way the wind sways back and forth be-*
tween its rhymes and branches and verses and flowers? Don't you think
this resembles the trails back home?

I also pointed out the enjambments and metaphors, and I said to them:

—*The roots even resemble the metaphors our grandparents used to sing to us.*

The red flowers are not the best, but the yellow ones, those have merit, and
spring isn't even here yet, or maybe it won't ever get here.

When I said that,

some who heard me thought about the distance,

others about the cold,

yet another about hope,

but I thought about memory. The land we come from has no word to de-
fine "history,"

we only have a word for "memory."

Quise seguir hablando de la diferencia entre las flores rojas y las amarillas,

pero sentí un golpe fuerte en la cara,

creí que alguien me había dado un puñetazo, pero no era así.

Una colibrí se había impactado en mi rostro.

Con su pico me había penetrado el labio inferior y empecé a sangrar.

Atorada en mi labio, la colibrí no hizo nada por aletear y escaparse, más
bien empezó a alimentarse de la sangre que me brotaba.

Uno de los que allí estaba entonces me quitó la colibrí del rostro de un
golpe.

La colibrí cayó al suelo herida y al instante dos hombres se abalanzaron
sobre ella.

Uno de ellos gritaba: *Me la voy a tragar viva.* El otro hombre gritaba: *Voy
a amarla en este mismo momento.*

Después de varios minutos de pelea, el hombre que quería amar a la coli-
brí derrotó al hombre que quería devorarla,

y allí mismo frente a todos empezó a amar a la colibrí.

Ya no quise hablar más sobre el poema, pero sí hablé de mis intenciones:

—*Voy a dejarlo vivir otros días, nomás para ver qué pasa,* les dije.

—*¿Para ver qué pasa con el poema?* me preguntaron.

—*No,* respondí. —*Para ver qué pasa con nosotros.*

Cuando dije eso un hombre me gritó:

—*¡Pendejo! No te das cuenta que la hermosa miel que le brota de las metáforas
es la enfermedad que nos está matando, vas a matarnos a todos si dejas
vivir ese escrito.*

—*Es probable que nos mate, pero también es probable que nos cure,* le respondí.

Cuando dije eso, Elise supo qué hacer:

apagó las veladoras,

cubrió las jaulas para poner a dormir a los cuervos,

y esa noche volví a soñar con la hija que no he tenido.

Esa noche también oímos unos estornudos en la calle.

Después de los estornudos

I wanted to continue talking about the difference between red and yellow
    flowers,
but I felt a hard blow to my face,
I thought someone had punched me, but no.
A hummingbird had collided with my face.
Its beak had pierced my lower lip and I started to bleed.
Stuck in my lip, the hummingbird made no effort to flap its wings to es-
    cape, instead it started to feed on the blood spilling out of me.
Then one of the people nearby suddenly pulled the hummingbird from
    my face.
The hummingbird fell to the ground wounded and two men immediately
    pounced on top of it.
One of them yelled: *I'm going to swallow it alive.* The other man yelled:
    I'm going to love it this very instant.
After several minutes of fighting, the man who wanted to love the hum-
    mingbird defeated the man who wanted to devour it,
and right there in front of everyone he began loving the hummingbird.
I said no more about the poem, but I did talk about my intentions:
—*I'll let it live a few more days, just to see what happens,* I told them.
—*To see what happens to the poem?* they asked me.
—*No,* I answered. —*To see what happens to us.*
When I said that a man yelled at me:
—*Asshole! Don't you realize that the beautiful honey that spills from meta-
    phors is the disease that is killing us, you're going to kill us all if you let that
    text live.*
—*It will probably kill us, but it will probably cure us also,* I replied.
When I said that, Elise knew just what to do:
she blew out the candles,
covered the cages so that the ravens would sleep,
and that night I again dreamed of the daughter I haven't yet had.
That night we also heard sneezing in the street.

escuchamos lo que ya es conocido por todos en estos raros días:

el crepitar, las flamas, los aplausos. Otro estornudo, más flamas, otro estornudo, más flamas, más aplausos.

—*¿Abrimos las ventanas para ver los restos humanos que humean?* pregunté.

—*Mañana estará en las noticias.*

—*No lo dudes,* respondí.

Esto ocurrió tiempo antes de que empezaran a nacer los muertos.

Allí y así fue cuando yo empecé a escribir.

Así empezó la pandemia, con los escritos, y con la hermosa miel que brotaba de ellos.

After the sneezes

we heard what is now familiar to everyone during these strange times:

the crackling, the flames, the applause. Another sneeze, more flames, an-
    other sneeze, more flames, more applause.

—*Shall we open the windows to see the smoldering human remains?* I asked.

—*It will be in the news tomorrow.*

—*Undoubtedly,* I answered.

This took place well before the dead began to be born.

Right then and there I began to write.

That's how the pandemic began, with texts, and with the beautiful honey
    that spilled forth from them.

BALANCE DE MI CUENTA DE CHEQUES

Soy un hombre de palabra. —*No más poesía*, dije.
Esto que lees no es un poema. Es un balance de mi cuenta de cheques.

Soy una plaga de autos dirigiéndose al centro comercial.
Las ofertas empiezan a medianoche. Pobre de mí que tengo dinero pero
    no tiempo para gastarlo.
Acecho afuera de las tiendas y pienso en los días en que Roma sitió
    Jerusalén.

Padre, cada dólar que gano me aleja más de casa:

Un dólar es igual a dos millas más lejos del barco pirata donde nací y que
    espera mi regreso para hundirse.

Dos dólares es igual a cuatro millas más lejos del Sauce Llorón que me
    enseñó lo bello que es un hombre cuando llora por la mujer que extraña.

Tres dólares es igual a ocho millas más lejos de la cometa roja de mi in-
    fancia rota que aún me espera para arreglarla.

Cuatro dólares es igual a dieciséis millas más lejos de los cuervos que encar-
    gué para que cuidaran de mis hortalizas.

Cinco dólares es igual a treinta y dos millas más lejos de la bala con que
    te pegaste un tiro.

Ay, Padre, si estuvieras aquí y me oyeras decir que soy amigo de la bala
    con que te pegaste un tiro, seguramente te dispararías otra vez,

Alejandro Pérez-Cortés / Ima y Coli son el árbol que nunca fue semilla

MY CHECKING ACCOUNT BALANCE

I am a man of my word. —*No more poetry*, I said.
What you're reading now isn't a poem. It's my checking account balance.

I am a plague of cars headed to the mall.
The sales start at midnight. Oh, woe is me, I have money but no time to
　　spend it.
I lie in wait outside the stores and think about the days when Rome laid
　　siege to Jerusalem.

Father, every dollar I earn takes me farther away from home:

One dollar equals two miles farther from the pirate ship where I was
　　born and that awaits my return so it can sink.

Two dollars equals four miles farther from the Weeping Willow that showed
　　me how beautiful a man is when he cries over the woman he misses.

Three dollars equals eight miles farther from the red kite from my broken
　　childhood that's still waiting for me to fix it.

Four dollars equals sixteen miles farther from the ravens I left in charge
　　of watching over my vegetable garden.

Five dollars equals thirty-two miles farther from the bullet you killed
　　yourself with.

Oh, Father, if you were here and heard me saying that the bullet you
　　killed yourself with is my friend, you'd surely shoot yourself again,

Alejandro Pérez-Cortés / Ima and Coli Are the Tree That Was Never a Seed

y qué dilema, Padre, qué dilema,

si te disparas otra vez, qué hago:

¿Recojo los trozos de tu cráneo destrozado o aprieto los dólares despiadadamente por temor a que el viento los arranque de mis manos?

Qué miserable poetastro es tu hijo, Padre. Tengo que hacer publicidad de tu muerte para ver si publico algo.

Estoy infectado. Estoy infestado. Estoy defecado.

Ruego que mañana me lleve un tren a cualquier parte.

and what a dilemma, Father, what a dilemma,

if you shoot yourself again, what will I do:

Gather the fragments of your shattered skull or ruthlessly clutch my
    dollars for fear that the wind might come to snatch them from my
    hands?

What an awful poetaster your son is, Father. I have to advertise your
    death in an attempt to get something published.

I'm infected. I'm infested. I'm defecated.

I pray that tomorrow a train takes me somewhere, anywhere.

EL HOMBRE QUE BEBE PLOMO HIRVIENDO

Uno podía ver su ropita de manta haciendo juego con los huarachitos
y al instante saber que sus labios,
esa flor silvestre del náhuatl, eran una cascada, sino de flores, de arpas
    risueñas.

—*Patrón, me compra el Buendía, patrón,*
periódico el Buendía, a trespeso, a trespeso a tre, periódico el Buendía, patrón.

Ese rojo del semáforo en sus ojos. Nunca vimos otro rojo así.
Que de él se diga un venado
o que se diga de él aquel cerro que incendiamos.

—*¿Es lo que oigo un disparo o el vuelo filoso de un zopilote?*

Nadie dijo algo, pero todos vimos cuando el rojo cambió a verde. ¿Fue
    una ráfaga?
Un auto y un golpe. Un auto ama un golpe.
Un auto más un golpe es igual a su cuerpecito de cinco años con varias
    costillas quebradas lanzando el aire.
Azota al asfalto un cráneo partido.

—*Si nadie oye un disparo, ¿cómo se puede alguien escapar de la vista cortante*
    de un zopilote?

Un altavoz en el carril contrario,
muchos curiosos un altavoz: *Admire al hombre que bebe plomo hirviendo,*
hoy, debut del circo Siempre Alegres,
admire al hombre que bebe plomo hirviendo,
niños gratis presentando el cupón que aparece en él periódico Buendía.

THE MAN WHO DRINKS LEAD, BOILING

One could see his heavy clothing and matching huaraches
and immediately know that his lips,
that wild Nahuatl flower, were a cascade, if not of flowers, of gleaming
    harps.

—*Hey mister, get your copy of Buendía, mister,*
Buendía Newspaper, onedolla, onedolla one, Buendía Newspaper, mister.

That stoplight red in his eyes. We never saw another red like that.
They can call him a deer
or they can call him that mountain we set on fire.

—*Is what I hear a gunshot or the knifelike flight of a vulture?*

Nobody said nothing, but we all saw when the red changed to green. Was
    it a gust of wind?
A car and a collision. A car loves a collision.
A car plus a collision equals his little five-year-old body with several bro-
    ken ribs thrown through the air.
He hits the pavement his skull cracked open.

—*If no one hears a gunshot, how can anyone escape the piercing stare of a*
    vulture?

A loudspeaker in the opposite lane,
many lookie-loos a loudspeaker: *Marvel at the man who drinks lead, boiling,*
today, the grand opening of the Always Joyful Circus,
come marvel at the man who drinks lead, boiling,
children get in free with a coupon available in the Buendía Newspaper.

Lejos,
a un semáforo de distancia de su cuerpecito:
"*hoy, debut del circo*" . . . amarillo rojo verde.
A dos semáforos de distancia:
"*enamórese del hombre que bebe plomo hirviendo*" . . . rojo verde amarillo.
A tres semáforos:
"*niños gratis*" . . . verde amarillo rojo . . .

—*Si no es un disparo lo que oigo es la vista cortante de un zopilote.*

Rojo amarillo verde.
Nunca supimos su nombre.

In the distance,

at the next stoplight down from his little body:

"*today, the grand opening of the Always*" . . . yellow red green.

Two stoplights down:

"*fall in love with the man who drinks lead, boiling*" . . . red green yellow.

Three stoplights:

"*children get in*" . . . green yellow red . . .

—If it's not a gunshot I'm hearing it's the piercing stare of a vulture.

Red yellow green.

We never found out his name.

VENDIENDO LA CASA

En este cuarto
desde una pared hasta la otra sangra un eco que galopa:
—*nomeculpes nomeculpes nomeculpes*

En este cuarto
las paredes blancas huelen a rojo aquí en este cuarto envejezco cada vez
que lo dibujo.

En este cuarto
y con la foto en que a veces sonríes
entro a gatas
(por si acaso
y de casualidad
me encuentro con el bebé sonriente que un día fuiste).

En este cuarto
el aire circula a la velocidad de una calibre cuarenta y cinco.

En este cuarto
mi padre se dejó seducir por la pólvora.

Alejandro Pérez-Cortés / Ima y Coli son el árbol que nunca fue semilla

SELLING THE HOUSE

In this room
from one wall to the other a galloping echo bleeds:
—*dontblameme dontblameme dontblameme*

In this room
the white walls smell of red here in this room I get older every time I
    draw it.

In this room
and with the photograph where sometimes you're smiling
I crawl in on my hands and knees
(just in case
and if by chance
I run into the smiling baby you once were).

In this room
the air circulates at the speed of a .45.

In this room
my father let himself be seduced by gunpowder.

JONATÁN NUNCA SE AHOGÓ, JONATÁN SE CONVIRTIÓ EN FARO,

siguió estrictamente la receta que se lee así:

Camine a una de las playas de Colima.
(Si sigue esta receta en alguna playa que no pertenezca a Colima, usted se convertirá
en rompe olas o peñasco. Algunos con un poco de suerte han quedado convertidos
en arrecifes de coral, pero nunca en Faros.)

Bébase de una botella de Merlot un océano de luciérnagas de Comala.
(Bébalo estrictamente en siete tragos. Si las luciérnagas no son de Comala,
usted se convertirá en una simple boya marina.)

Úntese espuma de mar en los testículos.
(Pero asegúrese de tener la aprobación de la espuma porque la espuma es una mujer.
A la espuma, grita la brisa, no podemos tomarla cuando se nos dé la gana,
ignorar este hecho puede resultar en que usted se convierta en isla y no
en Faro. Deje que la espuma lo posea. Desde hoy la dueña de usted es la
espuma.)

Rellénese las uñas la boca la nariz los oídos con arena. Pero no los ojos.
(Entre más salada esté la arena, mejor.)

Lávese los ojos con agua de mar por media hora.
(Normalmente este paso hace llorar. Le sugerimos saltárselo, y en su lugar, per-
manecer enterrado en la arena por tres días.)

En la tercera noche de haberse enterrado, una voz habrá de llamarle por
su nuevo nombre.

JONATHAN NEVER DROWNED, JONATHAN BECAME A LIGHTHOUSE,

strictly adhering to the recipe that goes like this:

Walk to one of Colima's beaches.
(If you follow this recipe on a beach anywhere except in Colima, you will become
a sea wall or a rocky summit. A lucky few became coral reefs, but never
*   Lighthouses.)*

Drink an ocean of Comalan fireflies from a bottle of Merlot.
(Drink it in precisely seven swallows. If the fireflies are not from Comala,
you will become a simple ocean buoy.)

Spread sea-foam over your testicles.
(But be sure to have the consent of the sea-foam because sea-foam is a woman.
We cannot, screams the breeze, possess the sea-foam whenever we feel like it,
*   ignoring this fact can result in you becoming an island instead of a Lighthouse.*
*   Let the sea-foam possess you. From now on the sea-foam is your master.)*

Fill your fingernails mouth nose ears with sand. But not your eyes.
(The saltier the sand, the better.)

Rinse your eyes with seawater for half an hour.
(This step will usually cause you to cry. We suggest you skip it and, instead,
*   bury yourself in the sand for three days.)*

On the third night of your burial, a voice should call out to you by your
   new name.
Your name will be blue like the deep, salty from so much storm, a path
   from so much light.

Su nombre será azul como profundo, salado de tan tormenta, senda de tanta luz.

Camine hacia la mar cuando la voz lo llame, no antes.

(Es importante que al momento de entrar al mar usted no nade, no se resista a las corrientes, deje que las corrientes lo arrastren y lo hundan.)

Antes de que pierda el sentido, vendrá Jonás dentro del gran pez para reconfortarlo.

Abra los ojos inmensamente cuando el agua le reviente los pulmones y la sangre se le agolpe en la garganta.

(En ese instante usted emergerá a la superficie convertido en Faro.

El sonido que hace un Faro cuando emerge a la superficie es tan estremecedor que algunos hombres de poca fe sucumben al temor y vuelven a su pobre condición mortal y masculina.

Una leyenda dice que Hemingway falló en este paso. No le quedó otra cosa que escribir El viejo y el mar. *Y el resto de la historia es conocido por todos.)*

Lo hermoso de un hombre que se convierte en Faro es que las madres las esposas los abuelos los hijos las hijas que esperan el retorno de sus pescadores han de amarlo con velas encendidas. También Penélope se sentará a la orilla del mar. Tejerá ella para usted y para Jonatán entonces una manta de olas luciérnagas de mareas lunas llenas de tormentas sirenas por toda la eternidad.

Walk toward the sea when the voice calls you, not before.

*(It is important that you don't swim when you first enter the sea, don't resist
the currents, let the currents drag you away and pull you under.)*

Before you lose consciousness, Jonah will arrive inside a giant fish to console you.

Open your eyes wide when the water bursts your lungs and the blood hits
your throat.

(At that instant you will rise to the surface transformed into a Lighthouse.

*The sound a Lighthouse makes when it rises to the surface is so frightening that
some men of little faith succumb to their fear and return to their hapless
mortal and masculine state.*

*Legend tells us that Hemingway failed this step. He had no other choice but to
write* The Old Man and the Sea. *We all know the rest of the story.)*

The beautiful thing about a man who becomes a Lighthouse is that the
mothers the wives the grandparents the sons the daughters who
await the return of their fishermen must show their love for him by
lighting candles. Penelope will also sit there on the seashore. She will
weave a blanket of firefly waves of full-moon tides of siren storms for
you and for Jonathan and for all eternity.

ANTI CANCIÓN DE LAS FÁBRICAS

—*¿Puede alguien ver cómo esta vara seca ha retoñado echando brotes de*
flores de vainilla y almendras maduras para derrotar a los tornillos y las
manchas de aceite?

Digo que a pesar de toda esta niebla o pájaro que teme volar,
siempre hay un hombre una mujer que salen del trabajo a las nueve todas
las noches caminan los rostros exhaustos hasta el semáforo.

—*¿Puede alguien oler esta flor brillante que se resiste a los pistones y los*
engranes?

No hay rumores, pero hay historias escritas en las paredes de los baños de
las fábricas.
Historias de favores de cama con el supervisor o te despiden.
Historias de favores de cama o no hay aumento.
Historias o hemorragias sobre el miserable salario que nunca es suficiente
para vivir.
Historias o lágrimas: el sindicato podrido mañana la huelga no estallará
en ningún momento todos tienen un precio.

(En las fábricas las paredes de los baños son la última línea de defensa de
la libertad escrita,
las paredes en los baños de las fábricas son el campo donde florece la
nueva poesía.)

—*¿Puede alguien impedirme desatar una tormenta de pianos y golondrinas*
contra las sierras cortadoras y las bandas transportadoras?

Alejandro Pérez-Cortés / Ima y Coli son el árbol que nunca fue semilla

THE FACTORY ANTISONG

—*Can anyone see how this dried branch has resprouted growing matured vanilla and almond flowers to defeat the screws and oil stains?*

I say that in spite of all this fog or this bird afraid to fly,
there is always a man a woman who leave for work at nine p.m. every
    night their exhausted faces walking to the stoplight.

—*Can anyone smell this vivid flower that rises up against the pistons and gears?*

There are no rumors, but there are stories written on the walls of the fac-
    tory bathrooms.
Stories of bedroom favors with the supervisor or else you're fired.
Stories of bedroom favors or you don't get that raise.
Stories or hemorrhages about the pitiful salary that is never enough to
    live on.
Stories or tears: the corrupt labor union tomorrow the strike will never
    materialize everyone has their price.

(In the factories the bathroom walls are the last line of defense for writ-
    ten freedom,
the walls of the factory bathrooms are the meadows where new poetry
    blooms.)

—*Can anyone stop me from unleashing a maelstrom of pianos and swallows on the saws and conveyor belts?*

The gears a turn to the left a turn to the right turn turn

Los engranajes una vuelta a la izquierda una vuelta a la derecha vuelta
vuelta suben bajan
los pistones arriba abajo abajo arriba arriba abajo girando los compresores
muelen maceran el dedo de alguien comprimen aplastan una mano la
sangre como lubricante es igual a ganancias
se deslizan las bandas transportadoras hacia arriba hacia abajo
destrozan un brazo sangre como lubricante: *vamos a elevar las ganancias*
el precio es sangre el excedente es sangre multiplica productos
sangre arriba abajo los pistones no se cansan nunca se detienen sangre
un concierto de acero y aceite hirviendo, error, quiero decir un concierto
de sangre hirviendo.

Es imposible no pensar en una especie de lobo rabioso y hambriento cuando
hablan de aumentar la productividad en las fábricas,
es por esto,
y también por otras cosas, que durante el descanso
las madres solteras que pertenecen a las fábricas pueden olvidar el azúcar
en el café,
pero no el pago a la guardería.

—*¿Puede alguien no enlistarse en el ejército de flores que marcha dispuesto a
masacrar las turbinas de vapor y gas?*

Debido a estas cosas, no puedo imaginar nubes más oscuras que estas
aquí.
Pero si algún día el sol, si algún día un sol, si algún sol un día.
Pero este hombre esta mujer que se encuentran en la esquina gracias al
semáforo rojo que los obliga a ver pasar a las hordas de maquinaria
pesada,
estos, los dos ellos son la prueba de que perder algo ayuda a mantener la
esperanza de encontrarlo,

the pistons rise fall up down down up up down the spinning compressors
grind macerate a finger they compress crush a hand blood like grease
equals profits
the conveyor belts glide upwards downwards
they destroy an arm blood like grease: *we are going to increase profits*
the price is blood the surplus is blood it multiplies production
blood up down the pistons never tire never stop blood
a concert of steel and boiling oil, correction, I mean a concert of boiling
blood.

It is impossible not to think about a species of rabid ravenous wolves
when they talk about increasing productivity in the factories,
this is why,
and for other reasons also, that during their breaks
the single mothers who belong to the factories can forget to put sugar in
their coffee,
but not to pay for day care.

—*Can anyone not enlist in the army of flowers that marches ready to decimate
the steam and gas turbines?*

Because of these things, I can't imagine any clouds darker than the ones
here.
But if one day the sun, if one day a sun, if one sun a day.
But this man this woman who find themselves standing on the corner
thanks to the red light that forces them to watch the passing hordes
of heavy machinery,
they, both of them they are the proof that losing something helps to pre-
serve the hope of finding it,
then the green light
will send them on their separate ways,

después la luz verde del semáforo
los enviará por caminos separados,
caminarán mirando hacia atrás
girando sobre su espalda una y otra vez.
Los encontraré mañana en la misma esquina en el mismo semáforo,
con este lápiz y papel los encontraré de nuevo,
quizá escribiré el final de la anti canción contra las fábricas.

—*¿Puede alguien tener un buen presagio de que algún día derrotaremos estos motores?*
Yo puedo.

they will walk looking backwards
spinning around their backs again and again.
I will find them tomorrow at the same corner at the same stoplight,
with this pencil and paper I will find them again,
perhaps I will write the end of this antisong against the factories.

—*Can anyone envision a good omen that we will one day defeat these motors?*
I can.

PUEBLO QUE AYER ME DIBUJARON MI ABUELA IRENE Y MI ABUELO TINO

No hay banquetas, por eso aquí se camina
sobre gritos y dedos que perpetuaron su andar en barro.
Las paredes emergen con olor campo añejo.
En las esquinas los viejos revelan el estigma que escondían sus ojos
el lenguaje mudo que hablan las manos curtidas que han abierto la tierra.
Beben tuxca
y fuman cigarrillos de papel arroz: el humo dibuja las diversas formas de
	la noche.
Los perros callejeros rodean a los viejos,
perros y viejos se entienden se mezclan,
no se sabe quién ladra o quién habla
y sólo se ve a un perro aullando perseguir ánimas
por senderos polvorientos o calles de ladrillo color nostalgia.

Trémula luz desnuda la oscuridad de forma efímera.
La luna proyecta su anatomía en los techos de pequeños adobes.
En la casa grande del lugar las ancianas rezan oraciones apócrifas para
	ahuyentar una lechuza.
Quizá alguien morirá esta noche.

Los viejos siguen fumando y bebiendo en las esquinas.
El frío empieza a fustigarles.
Risas irónicas intercambian pues saben que la muerte les hará
lo mismo que la noche de ayer:
sólo los provocará desde lejos como una puta coqueta que les hace
utópicas promesas o amenazas
y después se irá por la misma calle de siempre,

VILLAGE THAT YESTERDAY MY GRANDMOTHER IRENE AND GRANDFATHER TINO SKETCHED FOR ME

There are no sidewalks, so here we walk
on screams and fingers who've recorded their steps in the mud.
The walls emerge smelling of aged countryside.
On the corners the old men reveal the stigma hidden behind their eyes
the silent language spoken by the worn hands that opened up the land.
They drink tuxca
and smoke cigarettes rolled with rice paper: the smoke sketches the vari-
      ous shapes of the night.
Stray dogs gather round the old men,
dogs and old men understand each other they blend together,
no one knows who's barking or who's speaking
and the only thing visible is a howling dog chasing spirits
down dusty trails or streets of nostalgia-colored bricks.

Flickering light ephemerally undresses the darkness.
The moon casts its anatomy over the roofs of the small adobes.
In the main house the old women recite apocryphal prayers to chase away
      an owl.
Perhaps someone will die tonight.

The old men continue smoking and drinking on the corners.
The cold begins to lash them.
They exchange ironic laughter aware that death will treat them
the same as the night before:
merely tempting them from a distance like a flirtatious whore who makes
utopian promises or threats
and then disappears down the same street as always,

y única calle que da a la iglesia de piedra que detiene su reloj a la misma
hora cada noche,

la iglesia que se tragó a los niños un sábado en el catecismo.

Niños olvidados ya por las mismas imágenes y estatuas que allí habitan en
el insomnio,

o en el fuego de los pecados que se depura en las veladoras

o por el mismo pueblo

que se envuelve en niebla antes de esfumarse cada madrugada.

and the only street leading to the stone church that stops its clock at the
    same hour every night,
the church that swallowed the children one Saturday during catechism.
Children now forgotten by the very images and statues that reside there
    in insomnia,
or in the flames of the sins cleansed in the votive candles
or by that very village
that shrouds itself in mist before vanishing each morning.

IV

CARTA PARA HACER SONREÍR A MI MADRE

IV

A LETTER TO PUT A SMILE ON MY MOTHER'S FACE

MUTARÁS SEGÚN LO ESCRITO: CANTO ERES Y EN NEBLINA TE CONVERTIRÁS

Te escribo ahora, Madre, para no engrosar las filas de los que publican libros *in memoriam*.

Y te escribo porque sin querer empiezo a contarlas. Las horas.

—*El cáncer me salvó la vida, Hijo.*

No es por otra cosa que escribo sino por esas horas que ya se asoman: las sin minutos.

Lo que expresa el viento es esto: Las horas serán aciagas.

Horas huérfanas de reloj, horas en las cuales tú, Madre, Barco, Castillo Encantado,

Espada Alada, Isla, te perderás en la Neblina. Me corrijo: te convertirás en Neblina,

no porque yo lo digo te convertirás en Neblina, te convertirás porque así está escrito.

Horas aciagas y la noche será más brillante que tu canto y de tu vuelo no se dirá más aquel mensaje, aquella bandera de Esperanza.

—*Vida fue lo que me dio el cáncer, Hijo.*

Habrá un tic-tac del reloj, a no ser que las horas . . . pero lo dudo. Dudo que dulces las horas,

pero si no amargas las horas, por lo menos, sin dudas aciagas.

Entonces te habrás ido. No. Me corrijo: tú no te irás. Mutarás según lo escrito: canto eres y en Neblina te convertirás. No escribiré de ti ese día,

pero mi hermana que sí escribe narrará esto: nunca en el medio día se vieron perros gritándole a la tarde golondrina. Los amigos, tu familia, los niños: Cristian Pablo Andrea William y yo nos reuniremos para hablar de tus ojos de gata, de tu sonrisa de gitana, tus pechos de maga.

YOU WILL CHANGE AS IT HAS BEEN WRITTEN: YOU ARE SONG AND MIST YOU WILL BECOME

I'm writing to you now, Mother, so as not to add to the line of people
    publishing "in memoriam" books.
And I'm writing to you because I've unintentionally started to count
    them. The hours.
—*Cancer saved my life, Son.*
I'm writing for no other reason but for those hours coming into view: the
    ones without minutes.
What the wind whispers is this: The hours will be ruinous.
Orphaned clock hours, hours in which you, Mother, Ship, Enchanted
    Castle,
Winged Sword, Island, you will dissipate into the Mist. Correction: you
    will become Mist,
not because I say so will you become Mist, you will become Mist because
    it is written.
Ruinous hours and the night will be brighter than your song and that
    message will speak no more of your flight, that banner of Hope.
—*Life was what cancer gave me, Son.*
There will be the ticking of a clock, unless the hours . . . but I doubt it. I
    doubt the hours sweet,
but if the hours be not bitter, at least, and without a doubt ruinous.
Then you will have gone. No. Correction: you will not go. You will
    change as it has been written: you are song and Mist you will be-
    come. I will not write about you that day,
but my sister who does write will recount this: Never before at noon were
    dogs seen howling at the evening swallow. Your friends, your family,
    your children: Cristian Pablo Andrea William and I will gather to
    talk about your cat eyes, your gypsy smile, your sorceress breasts.

Habrá—sonríe por favor—Chocolate Calientito. Café. Pan. Merlot. Y para hartarnos Neblina, mucha Neblina.

There will be—please smile—Hot Chocolate. Coffee. Bread. Merlot.
And as if we weren't full enough Mist, so much Mist.

MENTÍA CON LA CAMA EN MIRA

Pero el caso es que estamos lejos y en este lado del mundo, Madre,
te digo que todos los sábados solía ir a los bares a mentir sobre tu muerte.
Buscaba una mujer. Una mujer a la que nadie le invitara nada. La más
    sola.

—*¿Nadie te invita nada?* preguntaba yo.

—*Quizá soy feíta,* respondía ella.

Le invitaba yo a la feíta. Si la llamo feíta no me hagas esa cara, Madre,
porque de mí pienso yo que soy feíto. Platica de mí en Colima. Alejandro
    es feíto, diles:

—*Los ojos no los tiene verdes pero los billetes en la cartera sí,* aclárales.

En el bar con la feíta, un Merlot. O dos.

—*En mi casa tengo una botella y fotos de mi madre muerta.* Mentiroso,
mentía con la cama en mira. Mentía con el Merlot donde a veces rojeo.
    Pero en el que a veces escribo.

—*Vive en mí su muerte todos los días,* le decía. Mentira. Le mentía a la
    feíta.

Estabas Madre, estás, más viva que el Merlot donde si no escribo rojeo.

Existían tres certezas: El Merlot se estaba acabando. Era la más feíta del
    bar. Y tú me estabas llamando.

Por eso descolgaba el teléfono, por eso llamabas y sonaba ocupado.

Por eso te rogaba por ese Amor de madre que me tienes que no llamaras
    los sábados por la noche. Gracias a tu muerte que no ha llegado, la
    feíta y yo nos estábamos penetrando.

I LIED WITH MY SIGHTS SET ON THE BED

But the fact is we are far away, Mother, and on this side of the world
I'm telling you that every Saturday I used to go out to the bars to lie
    about your death.
I looked for a woman. A woman nobody was buying drinks for. The
    loneliest one.
—*Nobody's buying you a drink?* I asked her.
—*Maybe I'm a little homely*, she answered.
I bought the homely woman a drink. If I call her homely, don't make that
    face at me, Mother,
because I think I'm homely too. Talk about me in Colima. Alejandro is
    homely, tell them:
—*His eyes aren't green but the dollars in his wallet are*, explain that to them.
In the bar sitting with the homely woman, a Merlot. Or two.
—*At my house I have a bottle and photos of my dead mother*. Liar,
I lied with my sights set on the bed. I lied with the Merlot that some-
    times makes me red. But inside which I sometimes write.
—*Her death lives on inside me every day*, I told her. A lie. I lied to the
    homely woman.
Mother, you were, you are, more alive than the Merlot where if I don't
    write I go red.
There existed three certainties: The Merlot was running out. She was the
    homeliest woman in the bar. And you were calling me.
That's why I took the phone off the hook, that's why it was busy when
    you called.
That's why I begged you that out of the motherly Love you have for me
    not to call me on Saturday nights. Thanks to your death that has not
    yet come, the homely woman and I are penetrating each other.

¿ALGUIEN QUE LEE ESTA LÍNEA HA VISTO LLOVER EN SEATTLE?

Ayer fue mi cumpleaños y te escribo esta carta no para que me felicites.

No me felicites no he hecho nada para que me felicites.

Yo no celebro los años. Soy otro.

Yo, a los años los hago que agonicen por 365 días, después, les prendo su velita.

Cambié. Antes era yo únicamente Merlot, ahora soy Vid y Molienda.

Te escribo para decirte que a esta edad aún no sé cómo se le debe hablar a una madre.

Pero has de sonreír cuando te diga que hice las paces con los cuervos que crié y nunca cumplieron el refrán que dice: *Cría cuervos y te sacarán los ojos*.

Me abandonaron sin sacarme nada.

Además, espero te alegre saber que lavo el plato donde como,

que planté unos arbolitos,

que levanto la tapa del baño cuando orino

y que soy de una sola mujer, Madre,

—*¿Es buena?*

—*Ella con su llanto sana a los camellos que cumplen la escritura cuando pasan por el ojo de la aguja.*

—*¿La amas, Hijo?*

—*¿Alguien que lee esta línea ha visto llover en Seattle madre?*

HAS ANYONE READING THIS LINE
SEEN IT RAIN IN SEATTLE?

Yesterday was my birthday and I'm writing you this letter not for you to
    congratulate me.

Don't congratulate me I haven't done anything to deserve congratulations.

I don't celebrate the years. I'm different.

I make the years suffer for 365 days, afterwards, I light a candle for them.

I changed. Before I was only Merlot, now I am Vine and Press.

I'm writing to tell you that at my age I still don't know how one should
    speak to a mother.

But you'll probably smile when I tell you I made peace with the ravens I
    raised and that never fulfilled the refrain that says: *Raise ravens and*
    they'll pluck out your eyes.

They abandoned me without plucking out anything.

Also, I hope you're happy to know that I wash the plate I eat off of,

that I planted a few trees,

that I lift the toilet seat up when I pee

and that I'm a one-woman man, Mother,

—*Is she a good person?*

—*With her tears she heals the camels that fulfill the scripture when they pass*
    through the eye of a needle.

—*Do you love her, Son?*

—*Has anyone reading this line seen it rain in Seattle?*

Alejandro Pérez-Cortés / Ima and Coli Are the Tree That Was Never a Seed

POCOS SON LOS GOLEADORES QUE SABEN ESTO: EN LA CUMBRE SE GESTA EL ABISMO

He descubierto, Madre, que la vida es un balón de fútbol rodando por
calles empedradas
un balón que cruza una avenida transitada y detiene el tráfico
un balón que rompe las ventanas de una casa
un balón que se estrella en la cara y hace sangrar
un balón que cuando pega en los *güevos*, perdón Madre, en el sexo, te
derrumba.
¡Cuánta razón tienen, Madre, aquellos que han dicho que se puede apren-
der sobre la vida mirando partidos de fútbol!
He visto jugadores retorciéndose falsamente en el área chica enemiga,
y por eso hay goles, trofeos, campeonatos.
Pero admito que de vez en cuando, muy de vez en cuando la televisión
muestra la verdad,
hace justicia cuando repite y repite
que no hubo patada en el área chica.
Nadie podrá negarme que a veces las grandes glorias se cimientan en la
mentira.
—*Pocos, muy pocos, Madre.*
—*¿Qué, Hijo, muy pocos qué?*
—*Muy pocos son los goleadores que saben que en la cumbre se gesta el abismo.*

FEW GOAL SCORERS KNOW THIS: THE ABYSS IS CONCEIVED AT THE PEAK

I've found, Mother, that life is a soccer ball rolling down cobblestone
     streets
a ball that crosses a busy avenue and stops traffic
a ball that breaks the windows of a house
a ball that hits you in the face and draws blood
a ball that when it hits you in the *nuts*, sorry Mother, between the legs, it
     drops you to your knees.
How right they were, Mother, those who said you can learn about life by
     watching soccer matches!
I've seen players falsely writhing in pain in front of the opposing box,
and that's why there are goals, trophies, championships.
But I admit that once in a while, once in a long while when television
     shows the truth,
justice is served when it insists again and again
that there was no penalty in the box.
No one can deny that sometimes the greatest glories are founded on a lie.
—*Few, very few, Mother.*
—*What, Son? Very few what?*
—*Very few goal scorers know that the abyss is conceived at the peak.*

Alejandro Pérez-Cortés / Ima and Coli Are the Tree That Was Never a Seed

LLORO COMO NIÑA QUE RASGÓ SU VESTIDO FAVORITO

Si yo fuera fuerte como esa Neblina Tormenta que cuelga de las cataratas
  de tus ojos,
conseguiría varios metros de cielo y unos hilos de verano para hacerte un
  vestido colibrí, Madre. Pero no. Nunca me gusta lo que escribo.
Si ni siquiera soy bueno para escribirte un poema . . .
¿de dónde se me ocurre que voy a tejerte un vestido?
Por eso lloro,
lloro como niña que rasgó su vestido favorito de holanes y moñitos
o lloro como un fiero pirata que ve hundirse envuelto en llamas el barco
  donde nació.

I'M CRYING LIKE A GIRL WHO'S
TORN HER FAVORITE DRESS

If I were strong like that Mist Storm that pours from the cataracts in
    your eyes,
I would gather a few meters of sky and some summer threads to make
    you a hummingbird dress, Mother. But no. I never like what I write.
I'm not even good at writing you a poem . . .
where did I get the idea that I'm going to sew you a dress?
That's why I'm crying,
I'm crying like a girl who's torn her favorite dress with ruffles and ribbons
or I'm crying like a cutthroat pirate looking on as the ship he was born
    on is engulfed by flames, sinking.

MI MADRE AÚN NO ES NEBLINA

Regresé a Colima y a ti, Madre,
y dije:
—*El viento arrecia según la Neblina, si no hay Neblina el viento no arrecia.*
Mi madre aún no es Neblina.
No ha de arreciar el viento en Colima.
Me reconocieron y dijeron: *sobreviviste.*
Me llamaron sobreviviente. Volviste.
—*¿Cómo?*
Se alegraron.
Madre, se alegran los mismos que ayer me llamaron Carnada.

MY MOTHER IS NOT YET MIST

I returned to Colima and to you, Mother,
and I said:
—*The wind worsens with the Mist, if there is no Mist the wind won't worsen.*
My mother is not yet Mist.
The wind in Colima will not worsen.
They recognized me and said: *You survived.*
They called me a survivor. You came back.
—*How?*
They rejoiced.
Mother, the same people rejoiced who yesterday called me Bait.

Alejandro Pérez-Cortés / Ima and Coli Are the Tree That Was Never a Seed

POR AHORA SOY UN HOMBRE CON LOS BRAZOS AMPUTADOS

Pero habrá,

—*cuando nos veamos de nuevo*—

no sé si antes de tu muerte o cuando regreses de ella,

horas alegres, es la expresión del viento.

Por lo pronto soy de ti un familiar lejano.

En esta lejanía que nos une,

en este no poder abrazarte no soy otra cosa que un hombre con los brazos
    amputados,

pero cuando nos veamos,

—*no sé si cuando regreses de tu muerte, o antes*—

no seré más el hombre con los brazos amputados,

seré un hombre al que le brotan ramas brazos árbol de Parota,

y voy cortarte flores con mis propias manos.

Entonces besaré la frente de esas Horas. Ya no aciagas, no.

—*¿antes de tu muerte o al regresar de ella?*—

No sé. Pero me pedirás cuentas y yo te pediré perdón

y me arrastraré de alegría como seguramente se arrastra a un asesino a
    quien se ha perdonado dos veces.

FOR NOW I AM A MAN WITH SEVERED ARMS

But there will be,
—*whenever we see each other again*—
I don't know if before your death or when you return from it,
joyful hours, it's the voice of the wind.
For the time being I'm a distant relative to you.
In this distance that joins us,
in this inability to hug you I am nothing but a man with severed arms,
but when we see each other again,
—*I don't know if it will be when you return from your death, or before*—
I will no longer be that man with severed arms,
I will be a man from whom sprout Parota-branch arms,
and I'm going to cut flowers for you with my own hands.
Then I'll kiss the forehead of those Hours. No longer ruinous, no.
—*before your death or returning from it?*—
I don't know. But you will hold me accountable and I will ask for your
     forgiveness
and I will fall to my knees in happiness just as I'm sure a murderer would
     who has been twice pardoned.

V

MI REGRESO A COLIMA

V

MY RETURN TO COLIMA

CUANDO ME FUI LLEVÉ CONMIGO este lápiz escribiendo mi
   mano el murmullo de las hormigas que devoran
las entrañas de la tierra y la noche.
Es necesario ver llegar la noche: aquel septiembre la tarde amarilla algo
   de lluvia por las calles un aroma de chocolate calientito saliendo de
   las casas.
No estás Colima. Y para soportar,
requiero preciso recordarte. Observar
cómo muere
sedienta de oscuridad la noche que en mí nació cuando de ti me fui.
Me fui pero recordaba. Es cierto lo que dice la tablilla de arcilla: *Recordar*
   da vida.
Recordar me ayudó a soñar / en ti /
y dormí tranquilo y desperté un día
como si durante la oscuridad no olvidarte me hubiera curado de lepra.
O mejor, Colima, como si tu voz que ya no tengo me hubiese dicho:
   Levántate y anda,
y yo regresara a ti siendo otro,
como si conociera ahora los secretos de la tumba,
y conjuntara a las muchedumbres para decirles:
—*Heme aquí, les develaré no el mensaje de Lázaro,*
sino el mensaje del árbol de Parota: "Yo soy la resurrección de las ramas de
   Parota."
Esperaré. Vendré. Seré Colima.
Soportaré. Me basta que alguien diga Volcán,
Flor amarilla de primavera Palmera Buganvilia Serpiente Zanate Tejuino
   Perro Xoloitzcuintle:

al instante pensaré en ti.

WHEN I LEFT I TOOK WITH ME this pencil my hand writing the
   murmur of the ants devouring
the entrails of the earth and the night.
Seeing the night arrive is essential: that September the amber afternoon
   a few drops of rain in the streets the smell of hot chocolate coming
   from the houses.
You're not here Colima. And to endure,
I need I must remember you. Notice
how the night
dies thirsting for darkness the night that rose inside me when I left you.
I left but I remembered. It's true what the clay tablet says: *Remembering*
   gives life.
Remembering helped me to dream / about you /
and I slept in peace and one day awoke
as if during the darkness not forgetting you had cured my leprosy.
Or better yet, Colima, as if your voice that is no longer mine had said
   unto me: *Rise and walk,*
and I had returned to you now someone else,
as if I now knew the secrets of the grave,
and had summoned the masses to say unto them:
—*Here I am, I will reveal to you not the message of Lazarus,*
but the message of the Parota tree: "I am the resurrection of the Parota branches."
I will wait. I will come. I will be Colima.
I will endure. I only need for someone to say Volcano,
yellow spring Flower Palm Tree Bougainvillea Snake Grackle Tejuino
   Xoloitzcuintle Dog:

instantly I will think of you.

UNO EMPIEZA A SER OTRO

—*He visto que cuando escribes te olvidas de ti*
y te conviertes en otro antes de que explote el verso, ¿cómo le haces?
—*No sé,*
respondo,
pero cuando ella es la fuerza
que hace que el corazón de un hombre (éste, yo) se troque del lado
    izquierdo
al lado derecho del pecho, ocurre lo que la Luna llama cambio.
Y empezamos a pensar con el estómago,
a no hacer otra cosa que no sea decir de ella el fuego la estrella la nieve
y la lluvia. Y de uno se dice entonces que ha cambiado
se dice entonces el canto, una resurrección anticipada.

Y uno empieza a sentir con los ojos. Algo es diferente.
Uno, yo, sigo siendo el mismo que sonríe poco,
pero me alegro
cuando en las calles
me dicen: *Te desconozco aquello que eras antes dónde lo dejaste.*

No soy un extraño. Soy tu extraño, digo.
Cuando esto que uno es se sabe de ella,
ocurre que el hombre que uno era empieza a ser otro.
El nuevo que ven,
el aquel que vengo caminando la vereda aquella,
es la misma vereda de siempre, pero yo,
el que soy caminando la vereda,
la camino de forma distinta,
no es la vereda quien me ha cambiado,

Alejandro Pérez-Cortés / Ima y Coli son el árbol que nunca fue semilla

ONE BEGINS TO BE SOMEONE ELSE

—*I've noticed that when you write you forget yourself*
and become someone else just before the verse explodes, how do you do it?
—*I don't know,*
I reply,
but when she is the force
that compels the heart of a man (this one, me) to switch from the left
    side
of his chest to the right, what the Moon calls change occurs.
And we begin to think with our stomachs,
to do nothing but call her fire star snow
and rain. And then they say that one has changed
then they say the song, a foreseen resurrection.

And one begins to feel with the eyes. Something is different.
One, I, continue to be the same person who rarely smiles,
but I rejoice
when in the street
they say: *I don't recognize you who you were before where did you leave him.*

I am not a stranger. I am your stranger, I say.
When this person one is knows he belongs to her,
it happens that the man one was begins to be someone else.
The new person they see,
the one I am while walking on that path there,
it is the same path as always, but me,
the one I am while walking on the path,
I am walking on it differently,
it's not the path who has changed me,

Alejandro Pérez-Cortés / Ima and Coli Are the Tree That Was Never a Seed

es ese brillo,

el algo bello brillo en los ojos de ella lo que hace que todos me vean ser
otro.

it's that brilliance,
the beautiful brilliant something in her eyes that makes everyone see me
    be someone else.

EL PAPELITO

Cuando va cayendo el día busco un punto que brille el horizonte.
No para mí el brillo. Ha de ser tuyo. Un punto brillante.
No para los dos. Para ti sola el brillo.
Lo encuentro. Después escribo algo. A colores.

—No entiendo lo que escribes.
—Pero es a colores.

Lo que escribo es tuyo como el punto que brilla. Señalo al cielo.
Porque es noche recuerdo que de niños no éramos amigos.
Tú a mí me llamabas "mocoso," yo a ti "la patas chorreadas."
Y recuerdo también que cuando niños debatíamos todo:
—Dios existe.
—diozzz no existe.
—La virgen siempre fue virgen.
—A la virgen, José le quitó lo virgen.

Cuando niños debatíamos todo,
salvo bajar estrellas.
Los niños no debaten sobre bajar estrellas los niños las bajan y ya.

—Este Merlot es del año en que te cremaron.

Lo descorcho. Es diciembre otra vez y ni idea tengo de cómo decir lo que
    por años o lunas y kilómetros he querido decirte.
Creo que es tu vestido. O si no es tu vestido
es la forma en que te sueltas el pelo y sonríes cuando descorcho el Merlot.
Por eso escribo en otro papelito:

Alejandro Pérez-Cortés / Ima y Coli son el árbol que nunca fue semilla

THE SLIP OF PAPER

When the day is dusking I search for a gleaming point on the horizon.
Not for me that gleam. It is for you. A gleaming point.
Not for both of us. For you alone that gleam.
I find it. Then I write something. In color.

—*I don't understand what you write.*
—*But it's in color.*

What I write is yours like that gleaming point. I look to the sky.
Because it's nighttime I remember that as kids we weren't friends.
You called me "pip-squeak," I called you "pigpen."
And I also remember that as kids we argued about everything:
—*God exists.*
—*gawd doesn't exist.*
—*The Virgin Mary was always a virgin.*
—*Joseph took the Virgin Mary's virginity.*

As kids we argued about everything,
except touching the stars.
Children don't argue about touching the stars children just touch them.

—*This Merlot is from the year they cremated you.*

I open it. It's December again and I have no idea how to say what for
　　　years or moons and miles I've wanted to say to you.
I think it's your dress. Or if it isn't your dress
it's the way you let your hair down and smile when I open the Merlot.
That's why on another slip of paper I write:

—*Fue el recuerdo de ti lo que me iba devorando hasta darme vida, por eso re-
gresé contigo.*

—*No entiendo lo que escribes,* me dices.
—*Soy idiota para hablar y más para escribir,* te digo,
y me doy manazos en la cabeza.

—*Estás loquito,*
me dices, y me arrojas un beso.

Otra vez como veces muchas pasadas, antes de mi cremación,
vengo a verte con la cara que llevan los que no quedan bien
y con esto que escribí que te confieso le falta mucho para ser poema.
Pero es algo. Y peor es nada,
y es a colores. Un papelito de colores. O si quieres,
un ridículo y tierno papelito de colores,
—*¿Me lo aceptas?*

*—It was the memory of you that consumed me until giving me life, that's why
      I went back to you.*

—I don't understand what you write, you tell me.
—I'm an idiot at speaking and even more so at writing, I tell you,
and I give myself a few smacks on the head.

—You've lost it,
you say, and you blow me a kiss.

Again like so many times past, before my cremation,
I'm coming to see you with that look of those who screw everything up
and with this thing I wrote that I confess is still far from a poem.
But it's something. Worse would be nothing,
and it's in color. A slip of colored paper. Or if you prefer,
a ridiculous and loving slip of colored paper,
—Will you accept it?

¿VERBO O FLOR?

A Nicole Hollinsworth

La relación entre verbo flor camino y morir es esta:
aullido brilla flor camino camina aullando brilla floreando brillo camina aúlla
floreando.
Es obvio entonces,
que los verbos aúllan como flor o brillan como camino.

Expongo aquí una forma simple de entenderlo:
un verbo es una flor, morir es un verbo,
por lo tanto morir es un camino que brilla y aúlla hasta convertirse en
flor.
Morir es convertirse en flor.
Claro está, no cualquier flor,
sino una flor que sueña con ser vereda primero y camino después.
No cualquier camino,
sino uno de esos que brillan llenos de luciérnagas,
como los caminos
que sin buscar se encuentran en Comala cuando uno está perdido
y no desea que lo encuentren,
de esos caminos, de los que brillan tanto y tanto,
hasta que un día aúllan por tanto florear.
Y así el aullido da luz a una flor, y esa flor a dos caminos.
Y de pronto no se sabe si los caminos
brillan como aullido o aúllan como flor,
o flor camina brillando
camino brilla aullando flor brilla floreando brillo camina aullando flor.

Es confuso, sí, pero no importa,

Alejandro Pérez-Cortés / Ima y Coli son el árbol que nunca fue semilla

VERB OR FLOWER?

For Nicole Hollinsworth

The relationship between verb flower walk and dying is this:
howl shines flower walk walks howling shines flowering shine walks howls
    flowering.
It's clear then,
that verbs howl like a flower or shine like a walk.

Let me explain a simple way of understanding this:
a verb is a flower, dying is a verb,
that being so dying is a walk that shines and howls until it becomes a
    flower.
Dying means becoming a flower.
Not just any flower, of course,
but a flower who dreams first of being a trail and later a walk.
Not just any walk,
but one of those that shine rife with fireflies,
like the walks
one stumbles upon when lost in Comala
and looking not to be found,
one of those walks, those that glow so so much,
until one day they howl from so much flowering.
And so the howl gives birth to a flower, and that flower to two walks.
And suddenly we don't know if the walks
glow like a howl or howl like a flower,
or if a flower walks glowing
walk glows howling flower glows flowering glow walks howling flower.

Yes, it's confusing, but it matters little,

Alejandro Pérez-Cortés / Ima and Coli Are the Tree That Was Never a Seed

pues aquello que en Colima llamábamos morir
es ahora un camino de flores.
Y por eso ahora un camino es un verbo.
De allí que se diga que morir es una conjugación que sueña con ser,
si no flor, por lo menos camino,
a veces aullando, a veces brillando,
a veces aullando, a veces floreando,
hasta que un día la flor se convierte en
idioma, en conjugación:
Yo hablo flor y camino y muero y brillo y aúllo.
Ella habla flor y camina y muere y brilla y aúlla.
Nosotros hablamos flor y caminamos y morimos y brillamos y aullamos.

Hablo flor por las tardes y cuando camino contigo hablo flor.
Aprendí a hablar flor contigo y para ti.
Hablar flor es caminar una senda de verbos que si no brillan, aúllan.
Y andar este camino contigo es la mejor forma de convertirse en flor.
Caminar contigo es convertirse en el aullido.
Conjugar contigo es caminar la flor.
Convertirse en flor es encontrar el aullido,
la senda, la que andaba sola,
la que sola sólo soñaba, a lo lejos, convertirse en dos caminos.
Caminos que aullaban separados hasta ser unidos por una montaña.
La montaña los hizo uno. No un camino, sino el Camino.
Ese, donde brillan la noche las luciérnagas.
Donde se habla el lenguaje de la flor
Donde morir es un verbo. Y un verbo es una flor.

for what in Colima we used to call dying

is now a walk of flowers.

And that is why a walk is now a verb.

That is why they say dying is a conjugation who dreams of being,

if not a flower, then at least a walk,

sometimes howling, sometimes glowing,

sometimes howling, sometimes flowering,

until one day the flower becomes

a language, a conjugation:

I speak flower and I walk and I die and I glow and I howl.

She speaks flower and she walks and she dies and she glows and she howls.

We speak flower and we walk and we die and we glow and we howl.

I speak flower in the evenings and when I walk with you I speak flower.

I learned to speak flower with you and for you.

Speaking flower is walking a trail of verbs that if not glowing, howl.

And traveling this walk with you is the best way to become a flower.

Walking with you is to become the howl.

Conjugating with you is to walk the flower.

Becoming a flower is to find the howl,

the trail, the one that traveled alone,

the one that alone only dreamed, distantly, of becoming two walks.

Walks that howled separately until merged by a mountain.

The mountain made them one. Not a walk, but the Walk.

That one, where at night the fireflies glow.

Where the language of the flower is spoken.

Where dying is a verb. And a verb is a flower.

¿TIENES IDEA DE LO QUE PASA SI ME ENTIERRAS?

Yo quería hablar de conjugaciones y momentos.
Tú eras un paisaje. No, me corrijo,
ni siquiera un paisaje. Eras
lo que en la calle que da al río se conoce como un bosquejo,
pero sin tardes violetas aves.
No conjugué nada. —*¿Para qué el futuro?* me dijiste,
estabas convencida de que este rompecabezas
solo se explica en tiempo pasado:
—*Pudimos pero no quisimos*, pensaste,
—*Quisimos pero no pudimos*, imaginé.

Dije ave, y contestaste árbol.
Concluí entonces que lo mejor para ti era que yo fuera semilla.

—*¿Tienes idea de lo que pasa si me entierras?*

DO YOU HAVE ANY IDEA WHAT WILL HAPPEN IF YOU BURY ME?

I wanted to talk about conjugations and moments.
You were a landscape. No, correction,
you were not even a landscape. You were
what is known on that street that leads to the river as a sketch,
but without evenings violets birds.
I didn't conjugate a thing. —*Why the future?* you said,
convinced that this puzzle
could only be explained in the past tense:
—*We could but we didn't try*, you thought,
—*We tried but we couldn't*, I imagined.

I said bird, and you answered tree.
I concluded then that it would be best for you if I were a seed.

—*Do you have any idea what will happen if you bury me?*

ME ACORDABA QUE YO TENÍA MALA MEMORIA

Es porque a veces no recuerdo.
Y es también por eso que no olvido la historia:
la historia no es una foto que se borra en mi memoria,
pero se parece a una foto que se borra. Una casa,
aquí había una casa. Y de la casa era esta calle.
Y es porque a veces no recuerdo si la casa era calle o árbol
o música o niños sin ojos. Sí, es por eso, porque a veces no.

Y me acordaba de vez en vez que yo tenía mala memoria.
Por eso dibujaba y dibujé porque dibujar eras tú,
porque tú eras ella.

—*Antes de esto que ustedes leen hoy yo era el señor que hacía dibujos.*

Y de mi vida no pensaba en otra cosa que no fuera trazarte.
Y así te encontraba en líneas y círculos en puntos que se unían.
Pero surgió no sé cómo ni de dónde otro amor,
una belleza que solo encontraba al borrarte.
Y te borraba y en mi mente algo como una niña
liberando golondrinas crecía como corona de nidos.
Tú eras esa niña, pero la niña no era la corona de nidos.

—*¿Y del amor por borrar me preguntan ustedes?*

Quienes me vieron borrarte dijeron: *Este hombre ama,*
ama más allá de lo que se ha visto a un hombre amar lo que dibuja.

Pero yo no sé. Y no sé porque a veces recuerdo poco pero borro mucho,

I REMEMBERED I HAD A BAD MEMORY

It's because sometimes I can't remember.
And it's also why I can't forget history:
history isn't a photo slowly erased in my memory,
but it resembles a photo slowly erased. A house,
there was a house here. And the house was on this street.
And it's because sometimes I can't remember if the house was a street or
    a tree
or music or children without eyes. Yes, that's why, because sometimes it's not.

And every once in a while I remembered I had a bad memory.
That's why I would draw and I drew because drawing was you,
because you were her.

—*Before this that today you are reading I was the man who made drawings.*

And I could think of nothing else for my life besides sketching you.
And that's how I found you in lines and circles in adjoining points.
But somehow and from somewhere another love emerged,
a beauty I could only find by erasing you.
And I erased you and in my mind something like a girl
freeing swallows grew like a crown of nests.
You were that girl, but the girl wasn't that crown of nests.

—*And what about the love to be erased, you might ask?*

Those who saw me erase you said: *This man loves,*
he loves so much more than we have seen any other man love what he draws.

y mejor es que no me crean. Yo no le creo ni a mi memoria.
Pero me acuerdo de tus ojos y
por tus ojos no olvido que aquí había una casa.
Y tus ojos y la casa y la calle y el árbol.
Y me acuerdo de tus ojos. Hazel ojos avellana.

Y así te olvido mientras te dibujo,
y borro para que vivas en mi memoria.

But I don't know. I don't know because sometimes I remember little but
    erase a lot,
and it's better if you don't believe me. I don't even believe my memory.
But I remember your eyes and
because of your eyes I can't forget that there was a house here.
And your eyes and the house and the street and the tree.
And I remember your eyes. Hazel *avellana* eyes.

And this is how I forget you as I draw you,
and I erase you so you live on in my memory.

LA HIJA MÁS HERMOSA DE TODAS LAS ORQUÍDEAS

Cuando uno, un alguien,
así como esto que ven que soy,
yo, se desama, y opta por hacer la molienda de las uvas,
no pensando en el vino,
sino pensando en el día, el ese día, el día siempre,
en que serviré primero la copa de ella,

—*¿Qué es lo que hace?*
—*No hace. Decide.*

Uno se desama, no porque persigue la autocrítica en extremo,
como mi padre,
que en su búsqueda de la autocrítica en extremo se voló la tapa de los
    sesos,
no es así como uno se desama.
Desamo esto que soy. Me desamo luego existo,
yo.

—*¿Por qué lo haces?*
—*Porque decido.*

Cuando uno decide no otra cosa
sino simplemente aceptar que ella,
en su andar,
sin ser un andar real,
ella cuando anda se convierte en la madre de cada senda,
y por ende,
la hija más hermosa de todas las orquídeas. Uno decide que así es.

Alejandro Pérez-Cortés / Ima y Coli son el árbol que nunca fue semilla

THE LOVELIEST DAUGHTER OF ALL THE ORCHIDS

When one, a somebody,
like this thing you see that I am,
me, stops loving oneself, and chooses to press grapes,
not thinking about wine,
but thinking about the day, the that day, the always day,
when I will pour her glass first,

—What is he doing?
—He's not doing. He's deciding.

One stops loving oneself, not from an extreme pursuit of self-criticism,
like my father,
who in his extreme search for self-criticism blew his brains out,
that's not how one stops loving oneself.
I do not love this thing I am. I do not love myself, therefore I am,
me.

—Why are you doing this?
—Because I'm deciding.

When one decides nothing more
than to simply accept that she,
when she walks,
without really walking,
when she walks she becomes the mother of every trail,
and consequently,
the loveliest daughter of all the orchids. One decides that this is how it is.
That she is.

Que ella es.

Y lo que antes era la molienda del vino para libación,

ahora es

lo que la gente que vive atrás de aquella montaña llama "cariño."

Y yo, este, esto que soy, no escribo, proclamo,

sostengo y nada más,

ella, la madre de toda senda,

ella, la hija de las orquídeas,

es.

And what once was pressing wine for libation,
is now
what the people who live behind that mountain call "affection."
And I, this, this thing I am, I do not write, I proclaim,
I declare and nothing more,
she, mother of every trail,
she, daughter of orchids,
is.

LOS OBJETOS REFLEJADOS EN EL ESPEJO LATERAL DEL CARRO

Si no es cierto que los objetos reflejados en el espejo lateral del carro es-
    tán más cerca de lo que aparentan,
entonces o es un espejismo, o es la distancia y el reflejo, o la velocidad en
    el reflejo de las sombras o la distancia devorando la carretera,
no sé,
quizá sólo eran las sombras,
y no la distancia lo que hervía con la misma velocidad que hierve esta
    agua para el café.

—Mi café sin azúcar, por favor.
La primera vez que te vi, ¿qué era eso en la distancia, otoño o un día de
    batalla?
—No recuerdo.

Lo cierto es que en la distancia,
se escuchaba a un hombre y una mujer que afilaban sus palabras: klink-
    klank, ese sonido,
klink-klank, se besaban las espadas,
recuerdo a lo lejos eso, klink-klank, se enfrentaban a miradas,
un hombre una mujer, y las sombras en el espejo lateral del carro,
    cercanas,
las sombras como la distancia más cerca de lo que aparentan, veloces,
la carretera y la distancia en el espejo las sombras,
y el ritmo del agua hirviendo para el café, cerca,
hirviendo como el agua, la distancia quema más de lo que aparenta,
    klink-klank,
las palabras estruendosas se escuchaban fuertes como la distancia,
se oían como las sombras se oyen reflejadas en el espejo, klink-klank,

Alejandro Pérez-Cortés / Ima y Coli son el árbol que nunca fue semilla

OBJECTS REFLECTED IN THE SIDE-VIEW MIRROR

If it is not true that objects reflected in the side-view mirror are closer
   than they seem,
then either it is a mirage, or it is the distance and the reflection, or the
   speed in the reflection of the shadows, or the distance devouring the
   highway,
I don't know,
maybe it was only the shadows,
and not the distance that boiled at the same speed as this water for my
   coffee.

—*No sugar in my coffee, please.*
The first time I saw you, what was that in the distance? Autumn or a day
   of combat?
—*I don't remember.*

What's true is that in the distance,
a man and a woman could be heard sharpening their words: *clink-clank*,
   that sound,
clink-clank, swords kissing,
I distantly remember that, *clink-clank*, they turned to face each other,
a man a woman, and the shadows in the side-view mirror, up close,
the shadows like the distance closer than they seem, fast,
the highway and the distance in the mirrors the shadows,
and the rhythm of the water boiling for my coffee, close,
boiling like the water, the distance burns more than it seems, *clink-clank*,
thundering words heard loud like the distance,
heard like the shadows heard reflected in the mirror, *clink-clank*,
their piercing looks collided,

Alejandro Pérez-Cortés / Ima and Coli Are the Tree That Was Never a Seed

chocaban las miradas afiladas,

y quemaban con la velocidad que se reflejan los objetos en el agua hirviendo,

a propósito de agua hirviendo, di a luz a una nueva palabra: *Espe* . . .

—*Sin azúcar, ¿querrás al menos leche en el café?*
—*Sin leche tampoco.*

Di a luz una nueva palabra: *Espertancia*, que significa "Esperanza en la
Distancia."

La primera vez que te vi, algo había en la distancia,

un algo, un como una risa de un niño y una niña recién nacidos que no se
habían visto en años,

pero en la distancia, con la velocidad de los objetos reflejados en el espejo
lateral del carro,

así como las sombras la carretera veloces y el agua hirviendo para el café,

así en la distancia, pocas cosas son lo que parecen ser,

—*Qué era lo que parecía ser?*

no importa qué tan cerca se vean en el espejo lateral del carro las sombras
y el agua hirviendo,

quizá la risa de esos dos niños no era otra cosa que un barco preparándose
para hundirse a sí mismo,

o un hombre que en la etapa terminal de su enfermedad canta canciones
de cuna a su hija recién nacida.

No importa hoy qué era eso en la distancia, ni los objetos reflejados en el
espejo lateral del carro, ni la velocidad de las sombras tragándose la
distancia en la carretera, no, ni el agua hirviendo en el café, no.

Lo que importa es que encuentro hermoso el tabique desviado de tu
nariz,

and burned at the speed that objects are reflected in the boiling water,
speaking of boiling water, I conceived a new word: *Hop* . . .

—*No sugar. You want some milk in your coffee at least?*
—*No, no milk either.*

I conceived a new word: *Hopenstance*, which means "Hope in the
    Distance."

The first time I saw you, there was something in the distance,
something, like the laughter of a newborn boy and girl who haven't seen
    each other in years,
but in the distance, at the speed of objects reflected in the side-view mirror,
just like the shadows the highway fast and the water boiling for my coffee,
in the distance, few things are what they appear to be,
—*What did it appear to be?*
it doesn't matter how close they seemed in the side-view mirror the shad-
    ows and water boiling,
maybe the laughter of those two children was nothing but a ship prepar-
    ing to sink itself,
or a man in the terminal stage of his illness singing lullabies to his new-
    born daughter.

It doesn't matter now what that was in the distance, or the objects reflect-
    ed in the side-view mirror, or the speed of the shadows swallowing
    up the distance on the highway, no, or the water boiling in the coffee, no.

What matters is that I find your deviated septum beautiful,
and so I confess, it's not you who's always losing your glasses, no
I hide them so I can help you find them. Hiding them and finding them
    is about making you happy,

y confieso por eso, que no eres tú quien pierde tus lentes frecuentemente,
no,

yo los escondo para ayudarte a encontrarlos. Esconderlos y hallarlos tiene
que ver con esto de hacerte feliz,

y de ver el futuro,

en el futuro:

—¿*Serán necesarios los objetos reflejados en el espejo lateral del carro, la distancia que se traga la velocidad y las sombras y el agua hirviendo en el café?*

—*No sé.*

Pero sé que llegará el día en que hablar de tus ovarios será lo mismo que
decir "tortura," y me lanzarás con las palabras afiladas *klink-klank* las
miradas *klink-klank* las espadas,

así como la distancia las sombras en el espejo lateral del carro,

las sombras como el agua hirviendo,

pero veo el futuro: cayendo la tarde, este tuyo hombre que soy me convierto en Penélope, tú en el Odiseo más bello: es hora de jugar a los
griegos.

—¿*Pero si las sombras? ¿Pero y si el café? ¿Pero y si el espejo? ¿Pero y si la
distancia la velocidad en el agua hirviendo?* (me preguntas).

—*No hay "pero" que valga si ya decidí* (respondo).

Decidí estar contigo a pesar de tu incontrolable deseo de comer a deshoras de la noche que se refleja en las faldas que no te quedan más,

—*Solía ser más delgada*, me dices,

y cuando lo dices sé que estás resistiéndote a comer el pastelillo de chocolate que está en la mesita de centro,

—*No lo resistas, comámoslo juntos*, te digo,

and seeing the future,

in the future:

—*Will the objects reflected in the side-view mirror be necessary, the distance*
that swallows up the speed and the shadows and the water boiling in the
coffee?

—*I don't know.*

But I know that the day will come when talking about your ovaries will
be the same as saying "torture," and you will pounce on me with
sharpened words *clink-clank* looks *clink-clank* swords,

just like the distance the shadows in the side-view mirror,

shadows like water boiling,

but I see the future: night falling, this man of yours that I am I will trans-
form into Penelope, you into the handsomest Odysseus: it's time to
play Greeks.

—*But what if the shadows? But what if the coffee? But what if the mirror?*
But what if the distance the speed in the water boiling? (you ask me).

—*There is no "but" that matters if I've already decided* (I respond).

I decided to be with you despite your uncontrollable urge to eat in the
wee hours of the night reflected in the skirts that no longer fit you,

—*I used to be skinnier*, you say,

and when you say it I know you're fighting not to eat that chocolate tart
there on the coffee table,

—*Don't fight it, let's eat it together*, I say,

and as we eat it I forget about the shadows on the highway the side-view
mirror in the distance the speed boiling from the water for the coffee.

y mientras lo comemos me olvido de las sombras en la carretera el espejo lateral del carro en la distancia la velocidad hirviendo del agua para el café.

Mordida al pastelillo. Beso y mordida. Y sonríes. Y las migas del pastelillo que se pegan a tus dientes me dicen que eres linda. O quizá no, ¿pero a quién le importa?

A bite of tart. A kiss and a bite. And you smile. And the tart crumbs sticking to your teeth tell me you're beautiful. Or maybe not, but who cares?

QUEMRANZA: QUEMARSE EN LA ESPERANZA

Puse agua para el café. Hacía frío.

Me recargué en la estufa y con la mirada lejos pensé en ti.

Grité al agua. Hervía sobre mi mano.

Me proferí todos los insultos reservados

para hombres que en descuido cometen una estupidez.

Como a la hora rumbo al trabajo manejando me reí un poco.

Bajé la ventanilla del carro y dejé que el viento helado y mi quemada se
amaran.

La estufa. El agua hervía. Quemada la mano. Hacía frío.

Te recordé y pensé en los hombres que trabajan en las fábricas:

—*¿Cuántos,*

de los que trabajan en las fábricas,

por descuido,

revivieron la sonrisa de ella

y se amputaron un dedo,

se calcinaron un ojo,

o se sacaron los dos ojos?

En clase,

explicaba a mis alumnos que en español no tenemos un verbo para la palabra
Hope. Esperanza.

En español decimos: *Tenemos esperanza.*

Y allí en clase.

En ese pizarrón.

Di a luz una nueva palabra: *Quemranza: Quemarse en la Esperanza.*

HOPEBURN: BURNT BY HOPE

I heated up water for coffee. It was cold outside.
I leaned against the stove and with an absent gaze I thought of you.
I yelled at the water. It boiled over onto my hand.
I let out all the insults reserved
for men who carelessly commit an act of stupidity.

About an hour later on my way to work I chuckled.
I lowered the car window and let the freezing wind and my burn make
    love to each other.

The stove. The water boiling. My hand burnt. It was cold outside.

I remembered you and thought about the men who work in factories:
—*How many,*
of those who work in factories,
carelessly,
recalled her smile
and amputated a finger,
scorched an eye,
or lost both eyes?

In class,
I explained to my students that in Spanish we don't have a verb for the
    word *Hope. Esperanza.*
In Spanish we say: *We have hope.*
And there in class.
On that chalkboard.
I conceived a new word: *Hopeburn: Burnt by Hope.*

Mientras escribo en el pizarrón "quemranza" pienso en ti y recuerdo a un
    señor tuerto que vi ayer.

¿Quién lo diría?
Yo nunca había pensado.

El señor tuerto de ayer.
¿Cuántos en brazos del descuido con taladro en mano pensaron en ella y
    se sacaron un ojo?
¿Cómo no imaginarse?

As I write "hopeburn" on the chalkboard I think of you and I remember a
    one-eyed man I saw yesterday.

Who would have guessed?
I never had.

The one-eyed man from yesterday.
How many caught up in carelessness with a drill in their hand thought of
    her and lost an eye?
How can you not wonder?

DE LOS DÍAS CUANDO YO ERA UN PARTIDO
DE FÚTBOL EMPATADO A CERO

Más de una vez, cuando a tu lado en tardes como esta,
nos sentamos a dibujar el mar en silencio,
he querido decirte que en mis ojos escondo una como isla desierta,
y en mi pecho,
algo como un tren que partió una mañana muy temprano cuando era
     niño,
y que aún no llega a ninguna parte. Debido a eso, sé por intuición que he
     vivido demasiado,
que estoy viviendo una especie de tiempo extra, como en los partidos de
     fútbol,
en realidad solía pensar de mí que era yo un partido de fútbol jugándose
     en el tiempo extra,
y cuando yo marcaba el gol, un silbato se oía para marcarme fuera de
     lugar,
el gol que había marcado no contaba,
Muchas veces fui un partido de fútbol empatado cero a cero para toda la
     eternidad.

Y digo esto porque conozco el miedo de quedarse sin oscuridad rodeado
     de velas encendidas,
he sangrado la frustración de estar frente a la hoja blanca sin poder escri-
     bir ni una sola palabra.
Aprendí el amor con las muchachas de la esquina,
y cuando me dejaban no sabía qué era primero: abría un Merlot y pen-
     saba en ella o pensaba en ella y abría un Merlot.
No sé si hoy sea un hombre sabio,
pero me queda muy claro que la palabra "frío" sirve también para nombrar

FROM THE DAYS WHEN I WAS A SOCCER MATCH TIED AT ZERO

More than once, when by your side on evenings like this one,
we sat to draw the sea in silence,
I've longed to tell you that in my eyes I'm hiding a sort of desert island,
and in my chest,
something like a train that departed one early morning when I was a boy,
and has yet to reach any destination. Because of this, my intuition tells
    me I've lived too long,
that I'm living a kind of extra time, like in soccer matches,
in fact I used to think of myself as a soccer match being played in extra
    time,
and when I scored a goal, a whistle sounded calling my offsides,
the goal I scored didn't count.
Many times I was a soccer match tied zero-zero for all of eternity.

And I say this because I know the fear of being without darkness surrounded
    by burning candles,
I've bled the frustration of facing a blank page and not being able to write
    even a single word.
I learned about love from the girls on the corner,
and when they left me I didn't know which came first: I opened a Merlot
    and thought of her or I thought of her and opened a Merlot.
I don't know if I'm a wise man now,
but I know full well that the word "cold" can also be used to describe
two people who loved each other and have now become strangers.

How can I tell you that since I was a boy they all looked at me and said
    my gaze was troubled

a dos que se amaban y ahora se han convertido en extraños.

Cómo te digo que desde que era un niño la gente me miraba y decía que
    mi mirada era turbia
como la mirada de Lázaro cuando salió de la tumba,
decían también que mi sonrisa era oscura como
el pasado que cargan las personas que han recorrido todos los caminos,
quizá sea por eso que desde niño me he sentido atraído por los puentes,
y por eso caminaba a donde fuera para encontrar puentes y dibujarlos.
Dibujando en los puentes aprendí que la vida luce diferente desde arriba,
y muchas veces estuve tentado a saltar, incontables veces,
probablemente esa sea la razón por la cual en mis cuentos alguien siempre
    muere,
nunca aprendí los finales felices,
tampoco había nadie que me los enseñara. Me asustaban los finales felices.

Pero los barcos anuncian su llegada desde lejos,
y el viento helado que te quema las mejillas y sacude tu cabello
me convence una vez más de que tú has sido hermosa
desde antes de que las colibríes fueran colibríes y los árboles fueran semilla.

Pero mejor me callo. No quiero que mi pobre poética destruya este dibujo.
Callado a tu lado me siento fuerte capaz de detener el oleaje que va de un
    lado hacia el otro,
y hacia el ot,
y hacia el . . .
y ha . . .
y . . .

like Lazarus's when he left the tomb,
they also said my smile was dark like
the past borne by those who have traveled every road,
perhaps that is why since I was a boy I have been drawn to bridges,
and that is why I would walk anywhere to find a bridge and draw it.
Drawing on bridges I learned that life shines differently from above,
and many times I was tempted to jump, countless times,
that is probably the reason why in my stories someone always dies,
I never learned about happy endings,
nor was there ever anyone there to teach them to me. Happy endings
    frightened me.

But in the distance the ships announce their arrival,
and the freezing wind that burns your cheeks and tousles your hair
convinces me once again that you were beautiful
since before hummingbirds were hummingbirds and trees were seeds.

But I should stop talking. I don't want my meager poetics to ruin this
    drawing.
Silent by your side I feel strong able to hold back the waves swelling roll-
    ing from one side to the other,
and to the oth . . .
and to the . . .
and to . . .
and . . .

LA ÚLTIMA VEZ, me acuerdo, nos encontramos
como siempre en la avenida.

Hablamos entonces de las cosas que nos interesan:
las metáforas, los días del taller literario, las recientes publicaciones.

Pronunciábamos las peores pestes contra los que dirigen
la literatura el arte y la cultura en esta ciudad:

—*Son una nefasta mafia de mierda*, concordamos,
y nos despedimos así, fácil,

como nos encontramos,
sin un adiós, sin un "nos vemos."

Ninguno supo nada del otro,
hasta ayer me lo dijeron,

seguro te morías hoy.
Mira que esto es raro.

Porque te conozco de hace tiempo.
Porque te he leído y no te veré más.

Porque mañana van a enterrarte,
y me preocupo, la verdad me duele,

ya no poder encontrarte en la avenida.
Quisiera saber dónde está tu casa

Alejandro Pérez-Cortés / Ima y Coli son el árbol que nunca fue semilla

For Efrén Rodríguez, my literary workshop maestro

THE LAST TIME, I remember, we ran into each other
on the avenue as usual.

Then we talked about the things that interest us:
metaphors, those days during our literary workshop, recent publications.

We cursed in the worst ways those who oversee
literature art and culture in this city:

—*They're a lousy insidious mafia,* we agreed,
and with that we parted ways, easy,

just as we had run into each other,
without a goodbye, without a "see you later."

Neither of us heard anything more about the other,
until yesterday when they told me,

you'll most likely die today.
How strange this all is.

Because I've known you for a while.
Because I've read you and I won't see you again.

Because tomorrow they're going to bury you,
and I'm worried, in fact it hurts,

that I can no longer run into you on the avenue.
I wanted to know where your house is

para ir y pedirte un favor de vivo a casi difunto:
cuando mueras / que al cabo ya estarás bien muerto /

ve con los dirigentes de la literatura,
del arte y la cultura de la ciudad,

y diles que vayan mucho
a chingar a su puta madre.

to go and ask you a favor from a living person to an almost deceased one:
when you die / after all then you'll be good and dead /

pay a visit to those overseers of literature,
art and culture in this city,

and tell them all
to go fuck themselves.

VI

DIBUJOS PARA LA HIJA QUE UN DÍA TENDRÉ

VI

DRAWINGS FOR THE DAUGHTER I WILL ONE DAY HAVE

TE DIBUJO con la ternura

de un hombre que se sabe invadido por la melancolía,

con la convicción de un hombre

que sabe que un Castillo llamado *Espertancia, Esperanza en la Distancia*

me echa raíces en el pecho,

un Castillo que duerme, encantada, La Hija que un día tendré, tú.

Dibujo, sí,

con la certeza de que un día recordarás

aquellas orquídeas de años blancos

aquellas bugambilias de horas rojas.

Y que en las horas rojas no haré otra cosa

que no sea espantar los monstruos que se escondan bajo tu cuna.

Estos dibujos me incendian con la misma fuerza

que tienen los besos que una niña le da a su padre.

Dibujo y me sonrojo, sí, rojo,

y me sonrojaré más

cuando vengas y te muestre esta tierra que no di a luz pero que crié para
     que vivieras conmigo,

porque no sabré explicarte,

decirte cómo,

que junto al Comala de allá me encontraron muerto tres veces cuando
     tenía cinco años,

una vez muerto junto con Juan y otra vez cerca de Pedro,

más grandecito, me encontraron ahogado en Manzanillo dos veces, una
     vez en Santiago,

y por lo menos

más de una vez ahorcado en el árbol de Parota en la Calzada Galván.

Te decía Hija, soy tres: el que escribe, el que recuerda y el que quiere
     olvidar,

lo mencioné, ¿te lo dije o no?

Bueno, te dibujo . . .

I DRAW YOU with the tenderness
of a man who knows he's overrun with melancholy,
with the conviction of a man
who knows that a Castle named *Hopenstance, Hope in the Distance*
is taking root in my chest,
a Castle sleeping, enchanted, The Daughter I will one day have, you.
I draw, yes,
with the certainty that you will one day remember
those orchids from the white years
those bougainvillea from the red hours.
And during the red hours I will dedicate myself solely
to frightening away the monsters that hide beneath your cradle.
These drawings set me alight with the same force
as the kisses a girl gives her father.
I draw and I blush, yes, red,
and I will blush more
when you get here and I show you this land I didn't bear but raised so you
        could live with me,
because I won't know how to explain to you,
to tell you how,
when I was five they discovered me dead three times just outside that
        Comala from back then,
once dead beside Juan and another time not far from Pedro,
a little older, they discovered me drowned in Manzanillo twice, once in
        Santiago,
and at least
more than once hanged from the Parota tree on Galván Street.
I told you Daughter, there are three of me: one who writes, one who
        remembers and one who wants to forget,
I mentioned it, did I tell you or not?
Anyhow, I draw you . . .

es imposible no dibujarte,

es no posible, quizá se pueda otro día, pero hoy, hoy no puedo evitarlo, no,

dibujar castillos como dibujo Colima y decir,

Colima es el de las estrellas, aquellos los pájaros azules que dan vida al
    mar,

dibujo Colima una batalla de flores las emboscadas flechas encendidas
    para fecundar a tu madre.

Colima te dibujo Hija para perdonar a tu abuelo mi padre que nos aban-
    donó,

Hija Colima te dibujo para espantar el insomnio y despertar no con un
    corazón, sino más bien con un campo donde yo cultive sorgo y trigo y
    vid para segar este amor que me creces,

el amor, sí, como el Castillo, *Espertancia*, que duermes encantada.

Y estaré dibujándote como niño sonrojado mucho más que ahora,

porque será imposible no crecer un árbol de alegría cuando leas esto,

porque no sé cómo decirte que no me has cambiado Hija,

pero soy otro,

otro soy porque ya no siembro cicatrices. Y tu nombre,

eso que me llama,

tu nombre junto a las palmeras Hija,

eso, lo que me trajo de vuelta Colima, tú, la razón de mis dibujos.

it's impossible for me not to draw you,

it's not possible, maybe another day, but today, today, I can't help it, no,

drawing castles like I draw Colima and saying,

Colima is the one with the stars, those blue birds that breathe life into
the sea,

I draw Colima a battle of flowers ambushes flaming arrows to fertilize
your mother.

Colima I draw you Daughter to forgive your grandfather my father who
abandoned us,

Daughter Colima I draw you to frighten away the insomnia and awaken
not to a heart, but to a field where I produce sorghum and wheat and
grapevines to reap this love that you grow inside me,

love, yes, like the Castle, *Hopenstance*, you sleep enchanted.

And like a blushing boy I will draw you much more often than now,

because it will be impossible not to grow a tree of joy when you read this,

because I don't know how to tell you Daughter you haven't changed me,
yet I am another,

I am another because it is no longer scars I sow. And your name,

what calls out to me,

your name beside the palm trees Daughter,

that, what brought me back Colima, you, the reason for my drawings.

PARA DEFINIR LA TARDE

digo del sol: algo como un equilibrista a punto de caer,

y del horizonte: un viejo indigente alistándose a levantar el vuelo,

o encuentra desde lo alto la canción de cuna de su infancia perdida o se
      pierde él mismo en su propio réquiem.

Hablé ya del equilibrista que vacila en caer.

Afirmo también entonces que ver jugar a una niña con su sombra

es la garantía de que este mundo se puede reinventar.

No está de más decir

que un hombre dibuja su semblante a la sombra de un violín que atardece,

y en la página donde me inventaste bebemos juntos

la luz de un vino de un poema de botella verde.

Más tarde más.

—*Anoche volví a soñar que soy una niña que tocando la guitarra disminuye los
      dolores de sus primeros cólicos.*

—*No te creo*, me respondes.

—*Uno nunca sabe*, te aclaro, *quizá sea yo nuestra propia hija la que toca esa
      guitarra.*

TO DEFINE THE EVENING

about the sun I say: a sort of tightrope walker on the verge of falling,

and about the horizon: a destitute old man preparing to take flight,

or from high above he rediscovers the lullaby from his lost childhood or

    he loses himself in his own requiem.

I've already spoken about the tightrope walker teetering.

I'll also declare then that seeing a girl playing with her shadow

is the promise that this world can be reinvented.

It goes without saying

that a man draws his semblance in the shadow of an eclipsing violin,

and together on the page where you invented me we drink

the light from a wine from a poem from a green bottle.

More later.

—*Last night I again dreamed I was a girl playing the guitar to soothe the*
    pain of her first cramps.

—*I don't believe you*, you reply.

—*You never know*, I explain to you, *maybe I'm our own daughter the one*
    playing that guitar.

CUANDO PARA TI dibujo

y para mí tú coloreas algo ocurre: viajo atrás en el tiempo.

Hace años llegué a una ciudad

¿o era un pueblo pequeño?

No me acuerdo bien, pero cierto es que por ser desconocido me conocían.

El desierto se extendía en esta ciudad (¿o pueblo pequeño?).

La cólera de ellos se extendía a la misma velocidad que el desierto,

pero nadie se atrevía a plantar árboles.

Yo dibujé un bosque. Ellos se burlaron de mí.

Yo no entendía sus frases.

Ellos decían "centro comercial" y yo dibujaba una tarde brillosa de pianos
     un árbol hecho de violines.

Decían "ganancias" y yo dibujaba dos mujeres ancianas que adoptaban a
     miles de niños indigentes.

Estas dos mujeres también se besaban apasionadamente.

Decían "bandera" y bandera era un verso que torcían y doblaban

hasta hacerlo sangrar,

una vez que lo hacían sangrar

obligaban al verso bandera a esculpir un plan de Guerra.

—*Escrito en Piedra para que se convierta en mandamiento*, gritaban.

Pero mi lápiz era una ternura de obsidiana filosa contra sus miedos.

Por eso dibujaba puentes cada vez que ellos decían "muro."

Mis dibujos son semillas.

Cuando veían mis dibujos flores de cariño crecían de sus ojos.

Pero preferían arrancarse los ojos antes que llorar.

Entonces les mostré semillas de mostaza y les dije,

—*¿Han leído lo que hace una semilla de mostaza en el corazón de un hombre?*

Pero me dijeron:

—*Tenemos miedo de mover montañas.*

WHEN FOR YOU I draw

and you color for me something occurs: I travel back in time.

Years ago I arrived in a city

or was it a small town?

I can't quite remember, but what's certain is that because I was unknown
    they knew me.

The desert was spreading throughout this city (or small town?).

Their anger was spreading at the same speed as the desert,

but no one dared plant any trees.

I drew a forest. They laughed at me.

I couldn't understand their expressions.

They said "shopping center" and I drew a gleaming evening of pianos a
    tree made of violins.

They said "profits" and I drew two old women adopting thousands of im-
    poverished children.

These two women also kissed each other passionately.

They said "flag" and flag was a verse they twisted and folded

until they drew blood,

once they had drawn blood

they forced the flag verse to carve a War plan.

—*Written in Stone so that it becomes a commandment*, they yelled.

But my pencil was whetted obsidian tenderness against their fears.

For that reason I drew bridges each time they said "wall."

My drawings are seeds.

When they saw my drawings flowers of kindness grew from their eyes.

But they preferred to rip out their eyes rather than cry.

Then I presented them with mustard seeds and told them,

—*Have you read what a mustard seed does in the heart of a man?*

But they said:

—*We are afraid of moving mountains.*

Y escogiendo una piara de cerdos finalmente se lanzaron por el despe-
ñadero hacia el mar.

No me preguntes cómo sé esto, pero tu madre,
que me ayuda a ser sabio, es una gran mujer.
Por ella y por ti es que he dibujado otra vez.
Y aún no sé porqué siempre doy explicaciones largas a cosas simples y
sencillas,
sobre todo cuando lo que quiero decirte es que en aquella ciudad
(¿o pueblo pequeño?),
donde nadie me conocía, con este lápiz, empecé a darte vida, Hija,
en este dibujo que tú me coloreas hoy.

And in the end choosing a herd of pigs they threw themselves down the
    steep bank into the sea.

Don't ask me how I know this, but your mother,
who helps me to be wise, is a great woman.
I'm drawing again because of her and because of you.
And I still don't know why I always give long explanations to simple
    straightforward things,
particularly when what I want to tell you is that in that city
(or small town?),
where no one knew me, with this pencil, I started to give you life, Daughter,
in this drawing you're coloring for me today.

TE CONFIESO ESTO: la niña y yo te fecundamos.

Un día

le platicaremos a la niña

todo esto que te estoy dibujando: tú y yo no simpatizamos al principio.

En ese entonces yo me acostaba con una que era tu mejor enemiga.

Tú tenías un novio bueno para nada.

Por eso,

cuando en el bar decíamos pestes contra el sistema

nueve cervezas eran suficientes

para afirmar que se podía reinventar el mundo

arreglar la economía del país

y jurar que Dios era ese anuncio de cuatro luces neón

que decía

"un trago una sonrisa un trago una sonrisa"

reflejado en los labios tuyos.

—*¿Te he dicho que he soñado que la niña canta y toca la guitarra?*

—*¿Y cómo es?*

—*Será una gran mujer. Lo sé por la letra de sus canciones.*

También te confieso esto porque en unos minutos más,

a las siete de la tarde será un año

de que corté

/ mientras dormías /

las tristezas que empeñabas en colgar de las ramas de tus ojos.

Otra cosa que quiero confesar

es que a veces les digo a nubes tan grandes como esas: *desaparezcan*, y

 desaparecen,

THIS I CONFESS TO YOU: the girl and I fertilized you.
One day
we will tell the girl
all about this that I'm drawing for you: you and I didn't get on at first.
Back then I was sleeping with someone who was your best enemy.
You had a good-for-nothing boyfriend.
That's why,
when we were at the bar cursing the system
nine beers were enough
to declare that reinventing the world was possible
fixing the country's economy
and swearing that God was that electric sign in four neon lights
that read
"a drink a smile a drink a smile"
reflected in your lips.

—Did I tell you I dreamed that the girl sings and plays the guitar?
—And what's she like?
—She will be a great woman. I can tell by the lyrics in her songs.

This I confess to you because also in just a few more minutes,
at seven in the evening it will be one year
since I severed
/ as you slept /
the sorrows you insisted on hanging from the branches in your eyes.

Something else I want to confess
is that sometimes I tell clouds as big as those: *disappear*, and they
　　disappear,

mira
cómo
lo hago, eh:

watch
how
I do it, ok:

LEGRADO

Me has dicho "mañana" y hay en la forma en que lo dices algo veloz,
no parecido a las balas que adornan las trincheras,
pero veloz, veloz sí, un como matapalabras.
—*Así nació este silencio.*

Vive en tu forma de decir "mañana"
la misma mirada de una madre que se sienta a las puertas de su casa para
    esperar sus niños.
—*¿Hueles los pasos aquellos, los que vienen? ¿Oyes aquella silueta?*

Quizá la silueta esa, quizá los pasos esos—*¿los que se arrastran?*
sean los de los niños que nunca dejaron la casa.
—*Nunca la dejaron porque nunca fueron.*

Ojalá un día se hubieran marchado,
por cualquier cosa, pero que se hubieran marchado: la alegría de verlos
    regresar.

Me dices "mañana" y percibo que,
—*¿Qué percibes?*
que empañas al callarte el viento, ese, el viento de allá, el que abre a golpes
    las ventanas.
—*Si el viento abre las ventanas es sin duda un mal presagio.*

Eso del viento y los presagios no recuerdo,
pero mejor es no olvidarnos, que aquí juntito, donde mueren las flores,
se deshoja y acerca esa, la hora en que no se escapa nada,
ni tú, ni yo, ni los niños que nunca fueron.

Alejandro Pérez-Cortés / Ima y Coli son el árbol que nunca fue semilla

CURETTAGE

You said "tomorrow" and there's something quick in the way you say it,
not like the bullets adorning the trenches,
but quick, yes quick, like a word assassin.
—*And so this silence was born.*

It lives inside the way you say "tomorrow"
the same gaze of a mother who sits at the front door to wait for her children.
—*Can you smell those footsteps, the ones approaching? Can you hear that
silhouette?*

Maybe that silhouette, maybe those footsteps, —*the shuffling ones?*
belong to the children who never left the house.
—*They never left because they never were.*

If only they had left one day,
for whatever reason, just left: oh, the happiness of seeing them return.

You say "tomorrow" and I notice that,
—*What do you notice?*
that when you fall silent you wrap the wind in fog, that wind, the one
there, the one that pounds open the windows.
—*If the wind opens the windows it is without a doubt a bad omen.*

I don't remember all that about wind and omens,
but we'd best not forget, that right here beside us, where the flowers die,
the hour is drawing near, its petals peeling away, that hour when nothing
can escape,
not you, not me, not the children who never were.

Me hablas, me has dicho "mañana,"
y la furia, esa, la de las cunas vacías, y preguntas, pero yo no sé:
—*Y yo era esta leche en mis pechos, que al pequeño y a la nena,*
yo era esta leche, pero hoy a ninguno de los dos . . .

Y el gorrión que entró a casa.
—*No es un gorrión, es un cuervo.*

Hay un cuervo que no sabemos cómo entró a casa, pero sabemos que no
    quiere irse.
Mejor es que nunca más cerremos las ventanas.
Que muera el cuervo en la sala.
Rabias, rabias en deletreo: "ma-ña-na,"
y callado sé que pronto recordarás lo bueno que hay en el olvido.

Al niño le dirás:
—*Prometo llamarte amor si no regresas.*
A la niña:
—*Prometo llamarte amor si no regresas.*

You talk to me, you told me "tomorrow,"
and the fury, that one, the one of empty cradles, and your questions, but I
    don't know:
—*And I was this milk in my breasts, for the baby boy and the little girl,*
I was this milk, but now for neither one of them . . .

And the sparrow that entered our house.
—*It's not a sparrow, it's a raven.*

There is a raven and we have no idea how it got inside our house, but we
    know it doesn't want to leave.
We'd best never shut the windows again.
Let the raven die in the living room.
Rage, your rage spelled out: "to-mor-row,"
and in silence I know that soon you'll remember what good there is in
    forgetting.

You'll say to the boy:
—*I promise to call you love if you don't return.*
To the girl:
—*I promise to call you love if you don't return.*

VII

EL PERRO DE PÁVLOV

VII

PAVLOV'S DOG

PRIMERA LECCIÓN ESCOLAR EN EL PRIMER AÑO DE ESCUELA PRIMARIA

Abre tu libreta.

Escribe las conjugaciones del verbo "amar" en modo indicativo en los tres
  tiempos esenciales:

pasado presente y futuro.

No escribas pronombres personales,

deja que el contexto hable, porque así es como habla el amor: Amé. Amo.
  Amaré.

Llena páginas con la conjugación.

—*¿Cuántas páginas?*

—*Ignora el timbre del recreo.*

No salgas al patio. Mira,

a través de la ventana de tu salón de clase, a la niña que salta la cuerda,

a la que amas pero que no te ama,

y aprende de memoria que la primera lección del desamor es la que más
  duele,

y también la que nunca se olvida.

THE FIRST LESSON OF THE FIRST YEAR
OF ELEMENTARY SCHOOL

Open your notebook.
Write out the conjugations for the verb "to love" in the three essential
　　tenses of indicative mood:
past present and future.
Don't write the personal pronouns,
let the context speak for itself, because that is how love speaks: Loved.
　　Love. Will love.
Fill the pages with conjugations.

—How many pages?
—Disregard the bell for recess.

Don't go out to the playground. Look,
through your classroom window, at the girl jumping rope,
the girl you love but who doesn't love you,
and learn by heart that the first lesson of unlove is the one that hurts
　　most,
and also the one you never forget.

Alejandro Pérez-Cortés / Ima and Coli Are the Tree That Was Never a Seed

—*PÁVLOV AMABA A SUS PERROS.*

Basta de retórica, me digo. Armo una línea para defenderme
o por lo menos una línea que te haga sentir frío.
Aquí mi línea feroz: *Hoy no te vi tomar la ducha. Busqué no verte en la*
regadera.
Así me rebelo a lo que después frente al espejo. El espejo donde los dos.
—*Tengo un "bra" nuevo*, dices.
Tilín-Tilín: Pavlov usaba una campanilla.
Tilín-Tilín: Tú no. Lo tuyo es el espejo. *Tilín-Tilín*: Me salivan los ojos.
Perro.

Sin decir "¿me pones el bra?" te paras frente al espejo
y aunque no dices sé. Entiendo. Me enseñaste. *Tilín-Tilín.*
He aprendido igual que un perro esa mirada larga. La tuya. Esa de tus
ojos,
entiendo, perro, aunque sólo me hables con la mirada.
La mujer en el espejo es mi maestra. No. Corrijo el renglón. La mujer que
se refleja me amaestra. La mujer del reflejo me adiestra. Son sus caderas,
que según tú, son mías.
—*Si tus caderas son mías, ¿por qué te vas? Tilín-Tilín,*
o dime, ¿amas que te abrazo frente al espejo, o el reflejo donde te abrazo?
—*El reflejo.*
—*Yo el abrazo.*

Te vas y repito mi línea, la feroz, la que muerde: *No quise verte tomar la*
ducha. Evité verte en la regadera.
Nunca antes te puse este sostén, me corrijo, "bra." Tu "bra" me arrima.
Difícil de abrochar me arrima maravillosamente me arrima a tu es-
palda, y pensarás tal vez,
quizá querrás oírme decir no te vayas. No. Nunca ante el espejo diré qué-
date, no. Vete.

—PAVLOV LOVED HIS DOGS.

Enough rhetoric, I tell myself. I formulate a line to defend myself
or at least a line that will leave you cold.
Here goes my vicious line: *I didn't see you showering today. I wanted to not
    see you standing there in the tub.*
This is the way I rebel against what's later in the mirror. The mirror
    where we both are.
—*I have a new bra*, you say.
Ting-Ting: Pavlov used a small bell.
Ting-Ting: You do not. Yours is the mirror. *Ting-Ting*: My eyes begin to
    salivate. Dog.

Without saying "will you fasten my bra?" you stand before the mirror
and though you don't say it I know. I understand. You taught me. *Ting-
    Ting.*
Like a dog I learned to recognize that long look. Yours. The one in your
    eyes,
I understand, dog, though you speak to me only with your look.
The woman in the mirror is my master. No. I'll redact that last line. The
    woman reflected there masters me. The woman in the reflection
    trains me. Her hips do, which according to you, are mine.
—*If your hips are mine, why are you leaving? Ting-Ting,*
*or tell me, do you love that I hug you in front of the mirror, or the reflection of
    me hugging you?*
—*The reflection.*
—*Me, the hug.*

You leave and I repeat my line, the vicious one, the one that bites: *I didn't
    want to see you showering. I avoided seeing you there standing in the tub.*
I've never put this brassiere on you before, correction, bra. Your bra draws
    me close. Difficult to fasten it draws me close wonderfully close to

Una cosa te aclaro: vete pero el espejo se queda conmigo. Porque lo digo.
    Se queda, digo.
En el espejo, allí voy a enterrarte. ¿Dónde sino voy a enterrarte?
A enterrarte, en partecita por orgullo en partecita por lo que dicen,
ya sabes lo que dicen en Colima: *Donde arden espejos ni fantasmas quedan.*

Te vas,
y la bata húmeda en el suelo me recuerda a acometerte:
—*¿Viste que te ignoré en la ducha, sentiste que no te vi en la regadera?*
También las manecillas del . . .
El reloj y yo, estos que somos, sabemos que te irás.
Sabemos que cuando yo violente el portón atrás de ti, y el aire tras de ti,
el aire, eso pesado que baja desde mis pulmones, el aire, lo que pica en el
    estómago.
El Aire, tendrá el sabor a eso que dicen, pero no he probado,
el aire y el portón. Ese sabor a eso.
Si en hombres como yo no llorar es siempre un mal presagio, ¿qué me
    espera cuando no me enferma el tequila adulterado?
Vete.
—*¿Prometes llamarme?*
Te dije y lo digo otra vez para que sientas frío: *Hoy busqué no verte en la*
    regadera.
Tilín-Tilín.
—*¿Llamarte amor?* Solo si no regresas.

Alejandro Pérez-Cortés / Ima y Coli son el árbol que nunca fue semilla

your back, and you might perhaps think,

you might perhaps want to hear me say don't leave. No. I will never say

    stay in front of the mirror, no. Leave.

And let me make one thing clear: leave but the mirror stays here with me.

    Because I say so. It stays, I say.

In the mirror, that's where I'll bury you. Where else will I bury you?

Bury you, partly out of pride partly because of what they say,

you know what they say in Colima: *Where mirrors burn not even ghosts remain.*

You leave,

and the damp robe on the floor reminds me to launch my attack:

—*Did you notice I ignored you showering, did you sense I didn't see you stand-*

    ing there in the tub?

Also, the hands of the . . .

The clock and I, both of us, we know you will leave.

We know that when I slam the gate behind you, and the air after you,

the air, that heaviness descending from my lungs, the air, that stinging in

    my stomach.

The Air, it must taste how they say it does, but I've never tried it,

the air and the gate. The taste of that.

If for men like me not crying is always a bad omen, what's in store for me

    when not even tainted tequila makes me sick?

Leave.

—*You promise to call me?*

I told you and I'll tell you again to leave you cold: *Today I wanted to not*

    see you there in the shower.

Ting-Ting.

—*Call you love?* Only if you don't come back.

PAR DE PECIOS

Si de arreglar lo nuestro se trata, naveguemos.
Pongo el café no olvides las fotos—incluye la foto del árbol donde se ven
    los cuatro mil años.
Y cuando ya embarcados que sea el silencio quien nos dé corriente adentro,
a fuerza de silencios vamos a zarparnos. Nada de velas izadas,
dejas tú dejo yo que embravecida la mirada,
hembra vencida la mirada, en mar vencida la mirada,
la mirada embravecida nos arrastre. A pura corriente. Apura corriente.
¿Zarpamos o zozobramos? A fuerza de silencios vamos a embarcarnos,
porque lo nuestro es más mar que nada,
sigamos el ejemplo de los que han naufragado desamor mío.
—*¿Por qué te gusta la foto de las espinas?*

Desmujer mía. Repíteme que te sirvo para poco:
—*Me sirves para casi nada.*
—*Dilo dos veces.*
—*Nada nada.*

Publícame en la cara que si existo como verso impreso,
que si existo como rima, si me leen cada domingo no es por lo que es-
    cribo, no,
recuérdame que escribo porque soy producto de tu vaginación si existo.
Porque me hundes existo,
la balsa que llamas cuando se te antoja me enllamas ¿Me amas tú esa par-
    tecita mía?
Partecita. Flor al fin.
Descabrona. A mí que me encanta hacerme la nube
y tú que te pasas de ser viento, hija de mis arrebatos,

TWO PIECES OF WRECKAGE

If it's about fixing us, let's weigh anchor.

I'll start the coffee don't forget the photos—bring the photo of the tree

    where you can see all four thousand years.

And once we've embarked let the silence carry us out to sea,

we will launch by dint of silences. No hoisting the sails,

you'll let I'll let the enraged gaze,

defeated female the gaze, on defeated seas the gaze,

the gaze enraged carry us away. Chaste current. Make haste current.

Will we set sail or sink? By dint of silences we will embark,

because what we have is more sea than anything else,

let's follow the example of those who have shipwrecked before us my

    unlove.

—*Why do you like that photo of the thorns?*

My unwife. Tell me again how I'm of little use to you:

—*You're virtually useless to me.*

—*Say it twice.*

—*Useless useless.*

Publish on my face that if I exist as a printed verse,

if I exist as a rhyme, if they read me every Sunday it's not because of what

    I write, no,

remind me I write because I'm a product of your vagination if I exist.

Because you founder me I exist,

the raft you summon when you feel like it you insunder me. Do you love

    that little piece of me?

That little piece. A flower just the same.

Unbitch. I love to make myself the cloud

tú, esa partecita nada tierna pero flor al fin. Florecita que me alegras los
    días,
¿zarpamos?
Qué importa si a la deriva,
aquí sólo importa imitar a los que naufragaron
así como dicen en Colima: *Echando a naufragar se aprende.*
Aprendamos de los que han naufragado.

Los que han vuelto de las profundidades al vernos dicen: *Qué bonita*
    pareja de pecios.
—*¿Bonita pareja de pecios? En este mar de Seattle lo dudo.*
—*No empieces.*
—*¿Pecios en un mar que se ahoga en árboles de pinos en lugar de ahogarse en*
    palmeras?
—*No empieces.*
—*Mar musgo de Seattle más musgo que sal más verde que espuma.*
—*Si empiezas en piezas terminamos.*
A fuerza de silencios vamos a embarcarnos.
Café y fotos. Esta navegada era café y fotos
la foto de las espinas de acacia el ciprés de los cuatro mil años
y gente absorta en el cuerpo de la mariposa que con el 70% de las alas
    destrozadas voló desde Canadá tenía a Michoacán en mira pero se
    murió en Coli . . .
—*¿Qué no se muere en Colima qué no se mueve en Colima?*
—*Tienes razón.*

A un café caliente no se le hace esperar,
menos ahora que a fuerza de silencios nos hemos embarcado.
Difícil tú para mí difícil yo contigo. No sé si pecios, pero náufragos al fin,
calladitos.
Fotos. Arropaditos,

and you refuse to be the wind, daughter of my fits of rage,
you, that affectionless little piece but a flower just the same. Little flower
    who brightens my days,
shall we set sail?
What does it matter if adrift,
what matters here is only that we imitate those who shipwrecked
like they say in Colima: *One learns by embarking on shipwrecks.*
Let's learn from those who have shipwrecked before us.

Those who have returned from the depths, when they see us, they say:
    What a lovely couple of pieces of wreckage.
—A lovely couple of pieces of wreckage? In this Seattle sea I doubt it.
—Don't you start.
—Wreckage in a sea that's drowning in pine trees instead of drowning in
    palm trees?
—Don't you start.
—Mossy Seattle sea more moss than salt more green than sea-foam.
—If you start we'll end up in pieces.
By dint of silences we will embark.
Coffee and photos. This voyage was coffee and photos
the photo of the acacia thorns the four-thousand-year-old cypress
and the people immersed in the body of the butterfly that flew from
    Canada with 70% of its wings destroyed it had its sights set on Mi-
    choacán but it died in Coli . . .
—What doesn't die in Colima what doesn't fly in Colima?
—You're right.

You should never keep a hot coffee waiting,
even more so now that by dint of silences we've embarked.
Difficult you for me difficult me with you. Maybe not wreckage, but
    shipwrecks just the same,

y si el sol en la mañana beso tu mano besas mi frente entonces el café.

Si ocurre una cosa, pues también la otra,

y la certeza cuando en el fondo nos encuentren pecios abrazados la certe-
za:

—*¿Cuál?*

—*Existió ese momento donde tiernamente nos miramos.*

silent.

Photos. Us bundled up,

and if in the morning there's sun I'll kiss your hand you'll kiss my fore-
head then coffee.

If one thing happens, then also the other,

and the certainty when they discover us in the depths two pieces of
embracing wreckage the certainty:

—*What certainty?*

—*That there was a time when we looked at each other with affection.*

INVÉNTATE UN NOMBRE QUE SIGNIFIQUE "NO REGRESES"

Acampaste entonces los colibríes. Esos. Los tuyos.

—*Se ve tan feliz cuando se posa en las ramas de tus ojos.*

Habita mi Norte, dije. Pero no vayas por los acantilados, ni yo confío en
    esa tierra de mí,

pero si tomas los acantilados déjame escribir cartas que derriben lo que se
    atrinchere contra ti.

Y mientras subías las niñas de mis ojos ponían hilos dorados a tus pies.

Hilos azules. Fronteras.

Banderas. Hilos cromados. Haz nidos para los colibríes. Así,

sin emboscadas amenazas veladas sin flechas encendidas. Era el olor de la
    victoria.

—*Yo solía ser carruaje de Guerra con hoces en los ejes.*

En otro tiempo me llamaban emboscada, pero aquella tarde me puse a
    hablar contigo de tus vestidos. Los de niña. Esos.

Y las muñecas. Te pregunté por las muñecas. También por ellas pregunté,

con las que habitabas antes de los colibrís las muñecas.

—*No tuve muñecas.* Me callaste.

—*Cocinaba cuando era niña en vez de jugar con muñecas. Mi abuela me*
    enseñó a cocinar caldo de gallina.

—*Córtales el buche de un golpe. No vuelvas a mirar río abajo.*
    Tu abuelo se fue de cabrón. Tu padre se fue de cabrón. Ninguno volverá.

—*La gallina decapitada corre abuela. Saltan los ojos la sangre abuela.*

—*Que no te asuste la sangre porque eres mujer la sangre es de la mujer calla y*
    haz un caldo.

Nada me acerca tanto a ti como temblar contigo.

Alejandro Pérez-Cortés / Ima y Coli son el árbol que nunca fue semilla

THINK UP A NAME FOR YOURSELF THAT MEANS "DON'T COME BACK"

Then you took the hummingbirds camping. Those. Yours.
—*It looks so happy when it's perched there in the branches of your eyes.*
It inhabits my North, I said. But don't go near the cliffs, not even I trust
    that area of myself,
but if you do take on the cliffs let me write letters that will tear down
    whatever might dig in against you.

And while you ascended the girls the apples of my eyes laid golden
    threads at your feet.
Blue threads. Borders.
Flags. Chrome threads. Make nests for the hummingbirds. Just like that,
without ambushes veiled threats without flaming arrows. That was the
    smell of victory.

—*I used to be a War chariot with sickles on the wheels.*
In earlier times they called me ambush, but that afternoon I started talk-
    ing to you about your dresses. The ones for girls. Those.
And dolls. I asked you about dolls. I also asked you about them,
the ones you lived with before the hummingbirds the dolls.
—*I never had any dolls.* You shut me up.
—*When I was a girl I cooked instead of playing with dolls. My grandmother*
    taught me to make chicken soup.
—*Cut out their crop in one fell swoop. Never look downstream again. Your*
    grandfather left to fuck around. Your father left to fuck around. Neither
    will ever be back.
—*The headless chicken is running off grandmother. Its eyes bulging blood*
    grandmother.

Acampaste entonces los colibríes en las ramas de mis ojos. Esos. Los
    tuyos.
—*Antes de seguir debes saber lo que ella no es* (me dijo tu abuela).
Fecundaron entonces los colibríes en las ramas de los ojos. Los ojos que
    fueron tuyos.
—*Esto es lo que ella no es* (me dijo tu abuela).
Mientras más aprendía lo que no eras,
más flores, más mares, más tardes guirnaldas quise pasar haciendo trenzas
    en tu pelo.

—*¿Y hoy?* (me preguntas).
—*No hay hoy* (te respondo).

Érase una vez una mujer que acampaban los colibríes en las ramas de
    ojos, los míos,
los ojos que me quité para darte.
Sin reparos tuve que decirle,
por favor, mejor inciensa mi recuerdo si piensas en la palabra "verme"
y de paso invéntate un nombre, un sinónimo que signifique "no regreses."

—Don't fear blood you are a woman blood belongs to women be quiet and
  make the soup.

Nothing brings me closer to you than trembling beside you.

Then you took the hummingbirds camping in the branches of my eyes.
  Those. Yours.
—Before you go any further you should know what she is not (your grand-
  mother said to me).
Then the hummingbirds fertilized in the branches of my eyes. Those eyes
  that were yours.
—This is what she is not (your grandmother said to me).
The more I learned about what you were not,
the more flowers, the more seas, the more evening wreaths I wanted to
  spend braiding your hair.

—And today? (you ask).
—There is no today (I reply).

There was once a woman the hummingbirds took camping in the
  branches of those eyes, mine,
the eyes I removed to give to you.
Without a second thought I had to tell her,
please, instead light incense in my memory if the words "see me" ever
  come to mind
and while you're at it think up a name for yourself, a synonym that means
  "don't come back."

LOS DOMINGOS A LAS TRES DE LA TARDE

A veces hay momentos en que no existe qué decirse,
pero hablamos del cereal que tiene mucha azúcar,

de la leche sin lactosa. ¿Barro o barres el patio?
¿Limpias o limpio la cocina?

Es una forma limpia para estar aparte uno del otro.
Preguntarte preguntarme preguntarnos

lo qué pensamos es decir que el coche requiere un cambio de aceite,
que la estufa no calienta, y que una alfombra roja

haría juego con la mesita de centro en la sala.
Quizá si hubiera unos hijos con los cuales sentarse a revisar

la ortografía. Pero no hay a quién explicarle
el símbolo de 3.1416 ni una hija para prevenirle sobre su período.

Y es que mientras nos quitábamos la ropa
te lamentabas por olvidar el pago del teléfono,

y yo, en lugar de disfrutar tus pechos,
me inquietaba no terminar a tiempo esa declaración al fisco.

Si quieres el control del televisor tómalo que iré a leer un poco.
¿Cómo se llama esto que se siente los domingos a las tres de la tarde,

esto que hace sentir los días como una herida,
insoportable cuando estamos juntos?

Alejandro Pérez-Cortés / Ima y Coli son el árbol que nunca fue semilla

SUNDAYS AT THREE IN THE AFTERNOON

Sometimes some moments hold nothing for us to say to each other,
but we talk about the cereal and all its sugar,

about milk without lactose. Am I sweeping the patio or are you?
Are you cleaning the kitchen or am I?

It's a tidy way of being apart from one another.
Asking you asking me asking us

what we think is like saying the car needs an oil change,
the stove isn't heating up, and a red rug

would go well with the living room coffee table.
Maybe if there were some children we could sit beside to check

their spelling. But there's no one who needs us to explain
the symbol for 3.1416 or a daughter we should warn about her period.

And as we were taking off our clothes
you were upset you'd forgotten to pay the phone bill,

and me, instead of relishing your breasts,
I was worried about finishing our tax return on time.

If you want the remote take it I'm going to read a little.
What do you call this thing we feel on Sundays at three in the afternoon,

this thing that makes the days feel like a wound,
unbearable when we are together?

Qué alegría ver acercarse el lunes, lo hermoso
que hay en ser salvados por volver a la oficina.

What joy to see Monday drawing near, the beauty
there is in being saved by heading back to the office.

ALEJANDO ALEJADO ALADO VOY VOLANDO

En la parte más lejana del día en la hora más airosa. Ha vuelto.

—*He vuelto.*
—*¿Cuándo te fuiste?* pregunto.

Te fuiste y pensarás acaso. Pensará usted que si digo "¿cuándo te fuiste?"
    es como decir nunca dudé que volverías.
Pensarás que Soy todavía, esperándote,
que mi forma de vida es "espero luego existo."
Esperé a que tocaras la puerta de regreso,
¿tocarás la puerta de regreso? la puerta del regreso.
—*He vuelto. En la parte lejana del día. En la hora más airosa. Tengo una*
    carta.
Leemos.
¡Cierto! De mi puño y letra. O peor aún. De mi puño como de mi lengua.
Indefendible lo admito no con la cabeza. Son los ojos los que admiten,
por el brillo de mis ojos lo sé de cierto.
El brillo podría decir de mí que soy otro
porque te fuiste cambié, me cambiaste.
A ti,
a usted digo: desde que te fuiste amo.
Y mujer, recuerdo que al irte al irse me cambió el nombre.
Otro me nombraste otro nombre me colgaste, decidiste.
Era yo entonces Alejandro.
Al irte al irse me nombraste Alejando.
Alejando y di fruto Alejando y crecí flores,
y aun aves de todas partes venían a refugiarse y sin saber di vida.
Alado.

ALEXICAL ALEXIC ALAR I'M FLYING

At the remotest part of the day at the windiest hour. She's back.

—*I'm back.*
—*When did you leave?* I ask.

You left and perhaps you're thinking. Perhaps she's thinking that if I say
   "when did you leave?" it's like saying I never doubted you'd be back.
Perhaps you're thinking that I still Exist, waiting for you,
that my approach to life is "I wait, therefore I am."
I waited for you to knock on the door on your way back,
will you knock on the door on your way back? the door to the way back.
—*I'm back. At the remotest part of the day. At the windiest hour. I have a letter.*
We read it.
That's right! In my handwriting. Or even worse. In my fistwriting and
   tonguewriting.
Inexcusable I confess but not with my head. It's my eyes that confess,
the glint in my eyes I'm sure of it.
The glint could tell you I'm a different person
because you left I changed, you changed me.
To you,
(to her) I say: since you left I love.
And look, I recall when you left (when she left) she changed my name.
You named me another you placed another name upon me, you decided.
Back then I was Alejandro.
When you left (when she left) you named me Alexical.
Alexical and I bore fruit Alexical and I grew flowers,
and birds from all over came seeking refuge and I unknowingly gave life.
Alar.

Alejando.

Alejando Alejado me nombraste

me cambió usted y fui Viña y Molienda y Vino y usted tú no estabas y di
vida.

Es cierto te recuerdo pero no la conozco,

Alejandro no existe te fuiste se fue.

Y para ti para usted que me hundió yo cambié.

Me hundió el nombre con su partida me llamo ahora Alejando

Alejado,

Alado y no te conozco. No la conozco.

Alado,

lejos voy volando.

Alexical.

Alexical Alexic you named me

(she changed me) and I became Vineyard and Press and Wine and (she)
you weren't here and I gave life.

It's true I remember you (but I don't know her),

Alejandro doesn't exist you left (she left).

And for you (for her) who sunk me I changed.

(She sunk my name when she left) now my name is Alexical

Alexic,

Alar and I don't know you. (I don't know her.)

Alar,

I'm flying away.

VIII

LAS PALABRAS QUE UNO ESCUCHA EN LA CALLE

VIII

WORDS HEARD ON THE STREET

ESTOY CURADO DE ESPANTOS

No me asusta que ya no vuelvas.

Estoy curado de espantos.
Leo mucho y hasta escribo a veces.

Como dicen en Colima: *No hay verso que por mal no venga.*

No es esto advertencia,
pero te diré
las palabras que uno escucha en la calle:
un día descubrirás mi ausencia
y tu vida tendrá el sabor
que tiene el caldo de pollo cuando está frío.

Notarás entonces
que al marcharte
no hiciste otra cosa
que dejar ir los pesos
para quedarte con los centavos.

I'M OVER MY FEARS

It doesn't frighten me that you're never coming back.

I'm over my fears.
I read a lot and sometimes I even write.

As they say in Colima: *Every verse has a silver lining.*

This is not a warning,
but let me tell you
the words heard on the street:
one day you will notice my absence
and your life will be
as dull as dishwater.

You will realize then
that by leaving
all you did
was cut off your nose
to spite your face.

REINCIDENCIAS

La burra va innumerables ocasiones al trigo.

El cántaro tantas veces al agua hasta que se quiebra.

Ni qué decir de tropezar dos o incontables veces con la misma piedra.

Si esto fuera poco, el que olvida su historia está condenado a repetirla.

Como la cabra,
también el que ama tira al monte.

Amar y reincidir.

Es lo que es la vida.
Todo en la vida es amar
o reincidir.

RELAPSES

The old dog does its old tricks time and time again.

The pitcher visits the spring so often it shatters.

Not to mention tripping twice or countless times over the same stone.

And if this were not enough, those who forget their past are condemned
    to repeat it.

Like the leopard,
those who love will also never change their spots.

Loving and relapsing.

This is what life is.
Everything in life is loving
or relapsing.

COMO CUERVOS QUE CRÍAS Y NUNCA TE SACAN LOS OJOS

Aunque jures conocerlo no le des la espalda.
Al ser leído por alguien el maldito poema te traiciona.

La pluma desnuda en tus dedos aquello que pensabas llevarte a la tumba.
No los conoces. No te engañes. No son tuyos.

Aunque pienses.
Aunque jures conocer cada cacofonía del poema raíz de luz el beso de
    obsidiana
temblorosa señal la niña sangrando o augurios los frutos de aquella batalla
    secretos a la orilla de la noche.

Si no me crees mírate en mi espejo:
insuflé tanta fuerza y libertad a las imágenes que les salieron alas y volaron
    sin convertirse en pájaros.

Sólo quedé quedó esta hoja de rallados tallones negros.
Pálida.

No son tuyos.
No te engañes.
No los conoces.
Piensa en tus poemas como cuervos que crías y quizá nunca te sacarán los
    ojos.

Alejandro Pérez-Cortés / Ima y Coli son el árbol que nunca fue semilla

LIKE RAVENS YOU RAISE AND WHO NEVER PLUCK OUT YOUR EYES

Though you swear you know it don't let your guard down.
Once someone reads it the damned poem will betray you.

The exposed skin of the pen in your fingers the one you planned to take
  with you to the grave.
You don't know them. Don't fool yourself. They aren't yours.

Though you think.
Though you swear you know the poem's every cacophony luminary root
  the obsidian kiss
tremulous gesture the girl gushing blood or omens the fruits of that
  battle secrets at the edge of the night.

If you don't believe me look at yourself in my mirror:
I breathed so much vigor and freedom into the images that they grew
  wings and took flight without ever becoming birds.

All I have all that remains is the rasping black slag on this page.
Pale.

They aren't yours.
Don't fool yourself.
You don't know them.
Think of your poems like ravens you raise and who will perhaps never
  pluck out your eyes.

LAS COSAS,
¿adónde van cuando se pierden?

No cuando uno las pierde por descuido
y sabe con certeza que las encontrará en el sitio de los objetos perdidos,
sino cuando las cosas solas deciden perderse.

¿Quién les dice:
—*Piérdanse*
háganse ojo de hormiga
conviértanse en la aguja en el pajar?

¿Qué las mueve a irse a quién sabe dónde?

¿Cómo llegan hasta allá?

Es

y ha sido
la historia de toda la vida:
siempre se pierden las cosas cuando uno más las necesita.

THINGS,
where do they go when they get lost?

Not when you lose them by accident
and know for certain you will find them later in the lost and found,
but when the things decide to disappear on their own.

Who tells them:
—*Get lost*
slip between the cracks
become the needle in the haystack?

What inspires them to go who knows where?

How do they get there?

It is

and has been
life's eternal story:
you always lose things just when you need them the most.

EL GUSTO ES MÍO JURADO CALIFICADOR: SOY UNA BOTELLA QUEBRADA

Un señor invidente me tocó la barba y me dijo: *Me recuerdas a Aarón*.

—*Yo no veo. Crúzame la calle y te regalo este lápiz*, me volvió a decir.

Le crucé al otro lado de la calle y del lápiz que me dio brotaron almendras y flores y hojas verdes de olivo. Así supe que estaba listo para tener una hija.

Aquí está, ya no sé si el que escribe, o el lancero.

Antes de hacer esto que ven que dibujo, yo quería ser padre de una niña.

—*Requiero entrenamiento para ser un buen padre de una niña*, me dije,

y entonces me enrolé como lancero en un ejército de niñas amazonas.

Destruimos juntos el último bastión del patriarcado.

Hicimos mejor trabajo que los medos y los persas quienes sin disparar una flecha siquiera derrotaron Babilonia.

Aníbal de Cartago se retuerce en su tumba hasta el día de hoy: *Juntos pudimos haber destruido Roma*, me mandó decir con un elefante sobreviviente de las guerras púnicas.

Un día me dijo la niña amazona comandante: *Ve y tráenos mil paraguas porque va a caer un diluvio de cuarenta días y cuarenta noches*,

y yo les traje mil parasoles, en ese mismo momento me dieron de baja de sus filas.

Aquí está, ya no sé si el lancero o el que escribe o el fracaso de padre.

Lo que recuerdo de mí es que soy un hombre que sabe que lo amargo no es el vino,

sino la razón que hace abrir la botella.

Hubo un tiempo en que yo no abría la botella, la botella me abría a mí.

A propósito de Merlot, también recuerdo de mí que soy una botella quebrada,

THE PLEASURE IS MINE ESTEEMED
PANEL: I AM A BROKEN BOTTLE

A blind man felt my beard and said: *You remind me of Aaron.*

—*I cannot see. Help me across the street and I'll give you this pencil,* he
   repeated.

I helped him to the other side of the street and from the pencil he gave
   me sprouted almonds and flowers and the green leaves of an olive
   tree. That's when I realized I was ready to have a daughter.

Here he is, the writer or the pikeman, I no longer know which.

Before creating this thing you see me drawing, I wanted to be the father
   to a girl.

—*I need training to be a good father to a girl,* I said to myself,

and so I enlisted as a pikeman in an army of Amazon girls.

Together we destroyed the last bastion of patriarchy.

We were more effective than the Medes and the Persians who defeated
   Babylon without shooting a single arrow.

To this day Hannibal of Carthage is rolling over in his grave: *Together
   we could have destroyed Rome,* he sent me to tell them along with an
   elephant who survived the Punic Wars.

One day the commanding Amazon girl said: *Go and bring us one thousand
   umbrellas because a deluge is going to fall for forty days and forty nights,*

and I brought them one thousand parasols, they immediately removed
   me from their ranks.

Here he is, the pikeman or the writer or the failed father, I no longer
   know which.

What I remember about myself is that I am a man who knows that bit-
   terness is not the wine,

but the reason that compels you to open the bottle.

There was a time when I did not open the bottle, the bottle opened me.

una botella escondida en la arena de la playa con los filos esperando a que
algún distraído me pise y se corte en mí.

Mi vecina dice que soy

alguien que tiene una amiga enterrando a su abuelo

en algún lugar de México en estos momentos tengo veintisiete años

y mi vida es tan fugaz como esa ambulancia que oigo pasar.

No es la sirena de la ambulancia lo que oigo pasar,

es el llanto de un niño que va en la ambulancia.

Un niño que abre matriz y llora porque no quiere nacer.

Cuando nací le dije a mi madre que no me diera leche de pecho,

le pedí entonces helado de vainilla con chocolate, así hizo mi madre y el
helado de vainilla con chocolate me convirtió en el Príncipe gélido:
Yo soy el que enferma al frío, soy quien enferma a la tos, quien hace
sangrar la fiebre yo enfermo de lepra al viento.

Yo no le negué los santos óleos a mi padre. Mi padre se mató a escondi-
das para que no le diéramos los santos óleos.

Fui con el veterinario y le dije: *Ábrame el corazón y arránqueme la bandera
que tengo allí metida, quizá de esa forma yo deje de ladrar.*

El veterinario lo hizo: dejé de ladrar y morder y rabiar,

después el veterinario llamó a su hijo Nerón, un aprendiz de emperador
muy malo, pero muy bueno para crear incendios, su padre el veteri-
nario le dijo:

—*Injértale una llamarada de orquídeas, o un incendio de bugambilias floreciendo,
o un amanecer con una erupción volcánica de Noviembre de las que sólo
ocurren en Colima.*

Nerón hizo su trabajo en mí y finalmente pude abandonar mi tierra, pero
mi tierra nunca me abandonó a mí.

El día que celebramos el cumpleaños número 969 de Matusalén fue la
noche de mi cumpleaños número veintinueve. Matusalén era el hom-
bre más fiestero que he conocido.

Me dijo: *Vamos a seguir la fiesta en las ciudades de Adma, Zóar y Seboím,*

Speaking of Merlot, I also remember that I am a broken bottle,
a bottle hidden on a beach under the sand my shards waiting for some
    distracted passerby to step on me and cut themselves.
My neighbor says I am
someone who has a friend who is burying her grandfather
somewhere in Mexico at this very moment I am twenty-seven years old
and my life is as fleeting as that ambulance I hear go by.
It is not the ambulance's siren I hear go by,
it's the weeping of a boy who is riding in the ambulance.
A boy who opens the womb and cries because he doesn't want to be born.
When I was born I told my mother not to feed me breast milk,
instead I asked her for vanilla ice cream with chocolate, and my mother
    complied and the vanilla ice cream with chocolate transformed me
    into the Ice Prince: I am he who makes the cold sick, who makes
    coughs sick, who makes fevers bleed I infect the wind with leprosy.
I did not deny my father the holy oils. My father killed himself in secret
    so we wouldn't give him the holy oils.
I went to a veterinarian and I told him: *Open up my heart and rip out the*
    flag I have planted there inside it, maybe that way I will stop barking.
The veterinarian complied: I stopped barking and biting and raging,
then the veterinarian called his son Nero, a lousy emperor's apprentice,
    but very good at setting fires, his father the veterinarian said to him:
—*Implant within him a blaze of orchids, or a fire of blossoming bougainvil-*
    lea, or a sunrise with a November volcanic eruption like those that only
    occur in Colima.
Nero complied, carrying out his work inside me and finally I was able to
    leave my land, but my land never left me.
The day we celebrated Methuselah's 969th birthday was the night of my
    twenty-ninth birthday. Methuselah was the biggest partyer I have
    ever met.
He said to me: *We're going to continue the party in the cities of Admah, Zoar, and*

conmigo vienen los borrachos de Efraín y los Cananeos y los Hititas y Rahab y la Mujer de Potifar y Salomé.

Yo le dije: *No gracias, voy a quedarme a leer,*

esa noche leía yo *El retrato de Dorian Gray* y entonces vi venir en las nubes una visión: se me apareció Santa Clós, y él vestía un hermoso vestido blanco de novia. Santa Clós iba a casarse con uno de sus Renos. Santa Clós me dijo:

—*Te voy a hacer un regalo.*

—*No creo en la Navidad,* contesté.

—*Yo tampoco,* me dijo él, y sorpresa que me llevé, el pobrecito Santa Clós se echó a llorar y me hizo saber cómo se siente utilizado y explotado.

Yo, para consolarlo y viendo que planeaba casarse con su Reno, le dije:

—*Si quieren los uno en matrimonio de una buena vez.*

—*Sí, por favor,* me dijeron, y allí mismo los matrimonié y se fueron a su luna de miel.

Me disponía a dormir cuando se me apareció Drácula y me dijo:

—*Debido a que lees* El retrato de Dorian Gray, *te chuparé la sangre y morirás, pero vivirás para siempre.*

—*Espera,* le dije, *puedes hacer que mi mierda tenga el don ser eternamente fresca, que mi mierda nunca se seque ni se endurezca, que mi mierda sea como pan calientito saliendo del horno.*

—*¿Para qué?* me preguntó.

—*Voy a visitar varias tumbas: la de Franco, la de Juan de Oñate, la de Cristóbal Colón, la de Pinochet y muchos más. Voy a cagarme en sus tumbas, así cuando despierten en la resurrección despertarán completamente bañados en mierda fresca, calientita, como si fuera mierda recién cagada.*

—*Pinochet no ha muerto,* me dijo Drácula.

—*Qué importa, al que madruga Dios lo ayuda,* contesté.

—*Amo tu espíritu visionario y tu fe: aún no tienes un barco pero ya vives en el mar. Pero no sé cómo hacer que tu mierda sea eternamente fresca y viva.*

Zeboiim, the drunkards of Ephraim are coming with me and the Canaanites and the Hittites and Rahab and Potiphar's Wife and Salome.

I told him: *No, thank you, I'm going to stay here and read,*

that night I was reading *The Picture of Dorian Gray* when I saw a vision emerging from the clouds: Santa Claus appeared to me, and he was wearing a beautiful white wedding gown. Santa Claus was going to marry one of his Reindeer. Santa Claus said to me:

—*I'm going to give you a gift.*

—*I don't believe in Christmas,* I replied.

—*Me neither,* he said, and to my surprise, poor Santa Claus burst into tears and explained to me how he felt used and exploited. To console him and seeing that he intended to marry his Reindeer, I said:

—*If you'd like I can join you two in holy matrimony right here and now.*

—*Yes, please,* they said, and I married them on the spot and they set out on their honeymoon.

I was getting ready for bed when Dracula appeared to me and said:

—*Since you are reading* The Picture of Dorian Gray, *I will suck your blood and you will die, but you will live forever.*

—*Wait,* I said, *can you make it so that my shit will have the gift of eternal freshness, so that my shit will never dry up or harden, so that my shit will be like warm bread just out of the oven.*

—*What for?* he asked.

—*I'm going to visit several graves: Franco, Juan de Oñate, Christopher Columbus, Pinochet, and many others. I'm going to shit on their graves, and when they are resurrected they will awaken completely steeped in fresh shit, nice and warm, as if it had been freshly shat.*

—*Pinochet isn't dead yet,* Dracula told me.

—*What does it matter, the early bird catches the worm,* I answered.

—*I love your visionary spirit and your faith: you've no boat but you're already out to sea. But I don't know how to make your shit eternally fresh and warm.*

—*¿Qué tal si en lugar de morderme y chuparme la sangre del cuello, me muerdes y chupas la sangre de una nalga o de las dos nalgas?*

Y así lo hizo Drácula. Y funcionó. Esa noche Drácula se convirtió en el primer vampiro que se alimenta de la sangre del culo: *Dráculo.* Y así empezó mi comisión divina. Así me convertí en el ungido de Dráculo. Soy el que viaja para cagarse en algunas tumbas de muchos nongratos que van a resucitar.

Me marchaba yo feliz a cumplir mi comisión divina cuando Dráculo me dijo:

—*Me pregunto si pudieras visitar estas otras tumbas también,*

y me dio una lista de tumbas a dónde ir a cagar. Yo acepté.

Yo le negué los santos óleos a mi padre pero hice amistad con la bala que él usó para volarse la tapa de los sesos. Quizá por eso hoy me levanté usando el verbo "lagrimar."

Y lagrima la mañana. Lagrima la hojarasca.

Lagriman el café y el pan tostado. Lagrima la música.

Lagrima la lágrima. Lagrima el frío. Lagriman los que leerán esto. Lagrima la lluvia.

En esta hora de sequía que nadie señale a la lluvia juzgándola de parda por ser tan tibia

porque la lluvia es lo que me ha echo orinar esto que están leyendo.

Cuando llegué a esta parte del mundo era el día cuarenta y uno del diluvio. No tuve que cruzar ninguna frontera porque la frontera ya me había cruzado. Llovía y llovía.

Los habitantes de esta tierra me preguntaron:

—*La lluvia hace crecer al mar, ¿qué hacemos?*

—*El mar necesita más espacio. Destruyan la ciudad,*

les dije, y casi me lapidan hasta darme la vida eterna. Cambié entonces mi discurso:

—*Su dioz al que adoran me habló y me dijo que destruyeran la ciudad para que el mar tenga dónde descansar. Háganlo en nombre de su dioz,*

—What if instead of biting me and sucking the blood from my neck, you bite
    me and suck the blood from one or both of my ass cheeks?
And Dracula complied. And it worked. That night Dracula became the
    first vampire ever to feed on ass blood: *Draculass*. And so began my
    divine commission. This is how I became Draculass's anointed one. I
    am the one who journeys to shit on the graves of the many personae
    non gratae who will be brought back to life.
I was heading off happy to carry out my divine commission when Dracu-
    lass said:
—I wonder if you could visit these other graves also,
and he gave me a list of graves to shit on. I accepted.
I denied my father the holy oils but I made friends with the bullet he
    used to blow his brains out. Perhaps that's why I woke up today using
    the verb "to weep."
And the morning weeps. The fallen leaves weep.
The coffee and toast weep. The music weeps.
The weeping weeps. The cold weeps. Those who read this will weep. The
    rain weeps.
During these times of drought let no one judge the rain as dreary for being
    so warm
because the rain is what caused me to urinate this thing you are reading.
When I reached this part of the world it was day forty-one of the deluge.
    I did not have to cross any borders because the borders had already
    crossed me. It rained and rained.
The inhabitants of this land asked me:
—The rain makes the sea swell, what should we do?
—The sea needs more space. Destroy the city,
I told them, and they almost stoned me to eternal life. So I changed my
    approach:
—The gawd you adore spoke to me and told me that you should destroy the city
    so that the sea may have a place to rest. Do so in the name of your gawd,

les dije y así lo hicieron,

destruyeron la ciudad. Aquí se creen cualquier cosa siempre y cuando les digas que es en nombre de dioz.

Para premiar su ceguera les regalé a todos ramos de esqueletos de golondrinas y colibríes, también les obsequié ataúdes rositas por igual a hombres y a mujeres, las mujeres estaban encantadas, pero los hombres otra vez casi me lapidan hasta darme la vida eterna,

—*Que nadie se encabrone conmigo por los colores que escogí para los ataúdes*, les dije,

porque cuando resuciten ni se casarán ni serán dados en matrimonio sino que serán como los ángeles en el cielo, así detuve mi lapidación.

Además, para nada sirven los ataúdes: mis muertos fueron todos enterrados en ataúdes y todos los días vienen a verme mis muertos: mi padre, mis cuatro abuelos, mi tío Pancho, mi primo Misael, mi tía Licho, mi tía Cuca. De nada sirven ni los ataúdes ni los camposantos.

—*Yo tenía una fábrica.*

—¿Una fábrica de qué? me preguntaron.

—*Maldita sea, una fábrica y ya, de lo que fuera no importa ya, porque la abandoné y me puse a escribir.*

Porque no hay verso nuevo bajo el sol esta idea que escribo aquí no es mía, quiso ser mía pero no será, este verso era de Jonás que a su vez lo escuchó de la boca de un Ninivita,

este Ninivita oyó el verso de la boca de Nemrod,

Nemrod vio a Abel escribir este verso antes de que lo matara Caín,

Caín le permitió a Set apropiarse de este verso. Set era hijo de Eva y Adán. Yo también soy un hijo de Eva y Adán.

Mis padres Eva y Adán eran de piel negra hermosa y exquisita, dos gloriosos eran.

Mi padre Adán salía a hacer la labor de dar nombre a los animales, mi padre Adán se alejaba tanto del Jardín de Edén que su cuerpo empezó a producir menos y menos melanina.

I said unto them and they complied,

they destroyed the city. Here they believe anything as long as you tell
   them it is in the name of gawd.

To reward their blindness I gave them bouquets of swallow and hum-
   mingbird skeletons, I also gifted them rose-colored unisex coffins,
   the women were overjoyed, but the men again almost stoned me to
   eternal life,

—*Nobody here lose your temper with me over the colors I chose for the coffins,*
   I told them,

*because when you are resurrected you will never marry nor will you ever be
   married to rather you will be like the angels in heaven,* and thus I sus-
   pended my stoning.

Besides, coffins are useless: my dead loved ones were all buried in coffins
   and every day my dead loved ones come to see me: my dad, my four
   grandparents, my uncle Pancho, my cousin Misael, my aunt Licho,
   my aunt Cuca. Coffins and churchyards are useless.

—*I had a factory.*

—*What kind of factory?* they asked me.

—*Damn it, just a factory, it doesn't matter anymore what kind, because I left
   it and I started to write.*

Because there are no new verses under the sun this idea I'm writing
   here is not mine, it wanted to be mine but it never will be, this
   verse belonged to Jonah who in turn heard it from the mouth of a
   Ninevite,

this Ninevite heard the verse from the mouth of Nimrod,

Nimrod saw Abel write this verse just before he was killed by Cain,

Cain allowed Seth to take possession of this verse. Seth was the son of
   Eve and Adam. I am also the son of Eve and Adam.

My parents Eve and Adam had beautiful, exquisite black skin, they were
   both splendid people.

My father Adam set off to fulfill the task of naming all the animals, my

Un día Adán regresó a Jardín de Edén y su piel era blanca, su pelo y sus
   ojos claros.
Por eso yo soy moreno, mitad blanco mitad negro.
Mi padre Adán no defendió a mi madre Eva y culpó a una serpiente que
   habla,
las serpientes no hablan pero esta cabrona serpiente habló porque tragó
   del peyote del árbol del alucinamiento de lo bueno y lo malo.
Mucho gusto jurado calificador: soy una botella quebrada,
el gusto es mío y con su permiso voy camino a cagarme en la primera
   tumba.

Así ocurrió cuando el señor invidente me confundió con Aarón y me dio
   un lápiz del que brotaban almendras y flores y hojas de olivo verde.

father Adam wandered so far from the Garden of Eden that his body
    began to produce less and less melanin.
One day Adam returned to the Garden of Eden and his skin was white,
    his hair and eyes were light-colored.
That is why I am brown, half-white half-black.
My father Adam did not stand up for my mother Eve and blamed a talk-
    ing serpent,
serpents don't talk but this asshole serpent spoke because it swallowed the
    peyote from the tree of the hallucination of good and evil.
It is a pleasure to meet you esteemed panel: I am a broken bottle,
the pleasure is mine and if you will excuse me I'm off to shit on my first
    grave.

This is what happened when the blind man mistook me for Aaron and
    gave me a pencil that sprouted almonds and flowers and the green
    leaves of an olive tree.